DESPEGANDO

LLEVANDO SU FE A LAS ALTURAS

JOSÉ ZAYAS

Editorial Vida
.com

DESPEGANDO
© 2007 Editorial Vida
Miami, Florida

Publicado en inglés bajo el título:
Aiborne
Tyndale House Publishers
© 2005 por José Zayas

Traducción y edición: *David Fuchs*

Diseño interior y adaptación de cubierta: *Cathy Spee*

ISBN – 10: 0-8297-4828-8
ISBN - 13: 978-0-8297-4828-4

Categoría: JUVENIL NO FICCIÓN / Religión / Vida cristiana

Impreso en Estados Unidos de América
Printed in the United States of America

07 08 09 10 ❖ 6 5 4 3 2 1

Este libro está dedicado a mi esposa, Carmen.
Tú eres por siempre mi amor y mi mejor amiga.
Mi mayor alegría es caminar por la vida contigo.
¡Gracias por creer en mí!

A mi hijo, Jonás. Tú solo tienes tres años, ¡sin
embargo, me has enseñado tanto acerca
del amor de Dios! Quizás papá viaje mucho,
pero has de saber que estás en mi corazón
dondequiera que yo esté. ¡Te amo!

Contenido

Aviones, aventuras y Jesús

Cuando viajas 100.000 millas al año, seguro que conocerás a un montón de personas.

Yo lo sé porque esa es mi historia.

Soy un seguidor de Jesucristo y la realidad de su obra en mi vida me ha llevado a comunicar mi experiencia a todo el que me quiera escuchar. Al cruzar países y continentes, dedico mi vida a ayudar a la gente a dar sus primeros pasos para experimentar un dramático cambio personal.

Puede ser difícil explicar con profundidad el gran misterio y gozo de cómo, la gente que conozco, puede encontrarse con su Creador de manera personal. Me he dado cuenta que a menudo las ilustraciones pueden comunicar algo que no puedo explicar con mis palabras.

Jesús usó un lenguaje figurativo durante la mayor parte del tiempo que anunció la verdad. Él les explicó a un grupo de granjeros que el reino de Dios es como «un grano de mostaza» [Mateo 13:31-32]. Jesús dijo que ese granito de mostaza se convierte en árbol, de modo que vienen las aves y anidan en sus ramas.

¿Qué verdad estaba compartiendo? Que sus acciones transformarían a decenas de millones de vidas por siglos. Su mensaje crecería. Los granjeros lo entendieron bien.

En este libro he elegido la analogía de un viaje en avión como forma de explicar la aventura de seguir a Jesús. ¿Por qué un viaje en avión? Porque los viajes en avión tienen despegues, aterrizajes, turbulencias y con frecuencia incluyen conversaciones con toda clase de gente interesante. El viaje en avión puede ilustrar el proceso de una relación con Jesucristo. Esta relación es una travesía, no solo un incidente puntual o un momento. Seguir a Jesucristo tiene que ser una aventura, una búsqueda de por vida. Con demasiada frecuencia la gente tiene la idea de que ser cristiano es algo que ocurre el domingo, cuando va a la iglesia y paga sus deudas. ¡Oh, no! La fe cristiana tiene que ser más que un encuentro aislado, mucho más que un ejercicio religioso. Es una travesía continua que te lleva a lugares que nunca has visto y ni siquiera has soñado que puedan existir.

Un viaje en avión es una aventura común, sin embargo, es fascinante y maravillosa. Si no, mira por la ventana a 35.000 pies de altura y sabrás de qué estoy hablando. Puedes respirar, caminar, hablar por teléfono, escuchar música, mirar una película o comer mientras vuelas en avión. Sigues con tu vida normal mientras desafías la gravedad.

◀ Un viaje en avión

Se puede decir lo mismo acerca de seguir a Jesús. Tu vida está llena de tareas, trabajos estresantes, desafíos en tus relaciones y todo lo que hace que la vida diaria parezca común. Sin embargo, los seguidores de Jesucristo enfrentan los desafíos de la vida con la intervención activa de Dios. A eso llamo desafiar la gravedad. Lee la Biblia y descubrirás historias de la vida de personas reales que también interactuaron con Dios. Encontrarás sexo, drogas, brujería, amor y asesinato. Hay villanos y héroes, historias que te harán llorar y otras con un final feliz.

¿Cómo explicas a Dios? Es tan grande, tan vasto. Por su naturaleza, se encuentra más allá de nuestra comprensión. Pero, sin embargo, lo podemos conocer. Cuando me siento en un avión Boeing 777 entiendo mejor todo esto. Las enormes turbinas están ubicadas bajo las alas. Hay millas y millas de cables y computadoras con complicados programas, que hacen funcionar todo en el avión. No entiendo en su totalidad cómo funciona un avión, pero sé que funciona.

Esa es la clase de tensión dinámica que encuentras al seguir a Dios. Sí. Él está más allá de tu entendimiento. Pero lo puedes conocer y seguir.

Un viaje en avión tiene que ver con llevar a los pasajeros al lugar adonde necesitan llegar. Abre la Biblia y encontrarás el mismo tema de tapa a tapa. Comienza con Dios, que le da forma al universo por medio de sus palabras y diseña el jardín perfecto para que allí vivan el hombre y la mujer. Salta hasta el final y te encontrarás con la descripción gráfica del destino último que Dios ha dado a quienes él ama —un paraíso eterno.

¿Qué hay en el medio? La historia de Dios. Verás cómo Dios ha mezclado las cosas con la gente, tanto joven como anciana, rica como pobre, genial como sencilla. Cada encuentro es diferente, no obstante, el tema sigue siendo el mismo. Dios está buscando reparar el daño de las malas elecciones. Él invade la historia y entrecruza las vidas de la gente. Dios quiere unirse a nosotros en este viaje.

La historia de mi hermano

A pesar de que viajo alrededor del mundo hablándoles a otros del mensaje de esperanza de Dios, mi propio hermano, Rafael, no quería saber nada de eso. Sé lo que significa ver a un miembro de la familia perderse algo así de grande, y tener que pasar agonizantes tiempos de frustración ¡sin saber qué decirle o cómo decírselo!

Durante años, Rafael se rehusó a ir más allá de lo superficial en las conversaciones acerca de Dios o de Jesús. Se sentía muy contento viviendo para sí mismo y disfrutando de todos los placeres de la vida. Rafael no dedicaba tiempo para pensar en las consecuencias, ni para evaluar su comportamiento. Se sentía feliz saltando de fiesta en fiesta.

Como muchos americanos, Rafael había visto buena cantidad de hipócritas que actuaban «en el nombre de Jesús». Incluso, ya había leído acerca de los escándalos, y pasado por muchas iglesias que le habían dejado solo una experiencia vacía.

Rafael había escuchado lo suficiente de Jesús para sobrevivir, pero no lo suficiente para seguirlo... hasta que su vida llegó peligrosamente cerca del fin. Un poco después les contaré cómo Dios cambió su vida. Lo que me sorprende hoy en día no es la nueva vida de mi hermano, sino el plan de Dios de usar a gente como yo para conectarse con gente como Rafael. Gente que anda huyendo y luchando para no creer.

Para quienes ya entienden lo que significa seguir a Jesús, espero que este libro los capacite para anunciar y comunicar su fe con confianza. No tiene que ser complicado y confuso explicar cómo es una relación con Jesucristo. Una analogía actualizada, con frecuencia ayuda a desmenuzar viejos conceptos erróneos.

La historia de Jeff

Mientras hablaba en un festival de música en Dakota del Sur, me encontré con Jeff, que estaba de gira con una de las bandas. Le hablé del concepto de este libro ¡y me dijo que lo escribiera pronto! Un año antes habíamos conocido a Jeff, cuando viajábamos miles de millas recorriendo los Estados Unidos en autobús. Yo era el orador en una gira musical que viajaba de ciudad en ciudad con 13 bandas; gira que habíamos llamado Festival con Dios. Pasamos muchas tardes, mientras hacíamos largas caminatas, hablando de cómo vivir nuestra fe. Él acababa de tomar su fe en Cristo seriamente y quería crecer en su camino con Dios.

Desde la última vez que lo había visto, Jeff había estado frecuentando a una muchacha que ahora era su novia. Ella había estado ya en la iglesia, pero no tenía un concepto claro de lo que significa una relación con Cristo. Cuanto más hablaban, más se daba cuenta Jeff de que no se entendían en cuanto a la fe y a Jesús.

A pesar de que Jeff ha seguido a Jesús por años, le cuesta encontrar las palabras adecuadas para describir su fe. Y Jeff no es el único. Hablo con miles de cristianos todos los años, y cuanto más los escucho, más descubro que a muchos les cuesta poner en palabras lo que creen de todo corazón.

«Ella ya escuchó de Jesús. Fue a la iglesia pero todavía no lo entiende. Quiero que llegue a conocer a Cristo como yo. ¿Qué hago ahora?» Ese era el problema crucial de Jeff. Y puede que sea el tuyo. Es mi deseo que lo que tengo para decir te anime a dejar que, simplemente tu andar con Jesús, impacte a los que te rodean. Créeme, no tengo todas las respuestas (¡ni siquiera tengo muchas respuestas!). Pero me han hecho muchas preguntas. Espero que esta mirada a la travesía de todo cristiano te sirva para que la

13

comunicación con tus amigos que están en la búsqueda sea más efectiva.

Sin frases complicadas o jerga cristiana, *Despegando* es tu guía para entender la travesía de seguir a Jesús. Es tu guía para cambiar tu perspectiva, y que en lugar de cuestionar el valor de Dios, ¡llegues a valorar lo maravilloso que es Dios mismo! Esa clase de relación pasional, íntima, puede ser tuya si estás dispuesto a buscarla.

He escrito este libro para quienes quieren experimentar el poder de cambiar vidas que conlleva la intimidad con Dios. Solo Dios te puede cambiar. Es mi oración que las palabras en estas páginas te atraigan para buscarlo.

Nuestra travesía con Jesús se parece a un viaje en avión porque, en ambos casos, se necesitan cosas, como: confianza, compromiso, deseo y una actitud lista. Ven conmigo a recorrer esta aventura, el viaje de tu vida.

1

¡Todos a bordo!

Una invitación irresistible

Algunos días son diferentes. Hay días comunes en que te levantas, vas a la escuela o al trabajo, te encuentras con tus amigos. Y hay otros días que son inolvidables, momentos decisivos de la vida.

Hubo un día en que me di cuenta de que no soy un tipo rudo. Tendría unos nueve años, y mi vecino desgarbado se había fajado con mi hermano mayor, Miguel. Era por lo menos un pie más alto que yo, y sus hombros mucho más anchos que los míos, pero algo dentro de mi cerebro dijo que no importaba. Le dije: «Juan, si no dejas a mi hermano te voy a golpear».

Se rió, lo cual me hizo arder más. Entonces le pegué en el estómago, como una mosca que golpea a un elefante. Antes de poder siquiera respirar estaba en el aire, mi espalda contra la pared, ¡temiendo por mi vida! Esa fue mi primera experiencia en el aire. Luego, Juan me levantó sujetándome por la camiseta hasta que nuestros ojos se encontraron, me echó una mirada vidriosa de enojo. Me dio un empujón contra la pared y me dijo: «nunca me toques, niño».

Ese podría haber sido el final de mi historia. Por esas cosas del destino, me soltó y allí descubrí que yo podía correr muy rápido. No esperé ni un segundo para recibir otro de sus consejos. Descubrí una verdad de oro. No se debe golpear a muchachos mucho más altos que uno mismo. La razón vence a la violencia, especialmente cuando el otro te aventaja por doce pulgadas.

Parece un pequeño descubrimiento, pero ha sido una ayuda durante toda mi vida. Esa fue la última pelea (si así se le puede llamar) que tuve en mi vida. Ahora, mi segundo nombre es Diplomacia, y fue necesaria la intervención de un bravucón alto para que yo pudiera desarrollar ese talento.

Cuando conocí a Carmen

También tengo mis buenas experiencias. Cuando tenía 16 años, me encontraba tocando la batería en una banda local. Un día, entró una chica con pantalones negros, camisa verde y cabello castaño ondulado. Se sentó en la fila de adelante, hacia mi izquierda, y yo no podía quitarle los ojos de encima. No me acuerdo del resto de las canciones, pero recuerdo que quería saber quién era ella.

El problema número uno era que había llegado con un muchacho. Pero pronto descubrí que era solo su hermano. Bueno, tenía una oportunidad. Al final de la noche ya sabía su nombre, Carmen. La noche siguiente, por medio del amigo de un amigo, me las arreglé para que se encontrara con un grupo de amigos en el cine. De pura casualidad yo estaba allí también, y dio la coincidencia que me senté a su lado. Cuando nos encontramos, pasamos un buen momento, y a la hora de despedirnos, estaba convencido que llegaríamos a estar juntos.

El problema número dos era, que ella tenía un padre estricto. Un padre al que no le gustaba la idea de que su hija estuviera con alguien. Ya me entienden. Al principio, tuve la «entrevista» con su madre; ella me confirmó lo que Carmen ya había dicho, que su padre era muy estricto en cuanto a citas. En su opinión, no había un muchacho que la mereciera, por lo tanto, ¡las citas no eran una opción válida! Sin embargo, su madre fue tan amable que le habló a Ray de mí, y me invitó a su casa para conocerlo mejor.

Me acuerdo cuando entré en la casa esa noche fría de invierno; pasé a la sala de estar y me senté en el sofá, justo frente a un sillón reclinable que parecía el trono de un rey. Carmen se sentó junto a mí y esperamos a que apareciera el rey.

El problema número tres era, que Ray se parecía a un capo mafia. Su cabello oscuro y grueso alisado hacia atrás. Su piel perfectamente bronceada. De inmediato me sentí como en una de esas películas de la Mafia que había visto. Algo dentro de mí me decía que me encontraba en problemas.

El Capo Mafia

Se sentó en la silla. Como una escena sacada de esas películas, ahora sentía que me deslizaba y me iba alejando de Carmen. Mi corazón latía furiosamente y me secaba las manos en mi pantalón una y otra vez. No se podía empezar de manera casual. Ray fue derecho al grano.

«Así que quieres conocer a mi hija», dijo con una voz profunda y áspera. Yo pensé para mis adentros: «Puedes quedarte con ella. Yo solo quiero irme de aquí vivo», pero me escuché a mí mismo diciendo: «Sí, señor».

«Bueno», agregó Ray rápidamente, «amo a mi hija y necesito que sepas una cosa. Tengo un machete en el sótano y no me asusta tener que usarlo». Y fuimos abajo, al sótano, a echarle una mirada a su largo cuchillo que se usaba para cortar cocos de los árboles (o a cualquiera que le hiciera algo malo a su hija).

En lugar de que el miedo me alejara, tomé su amenaza como un desafío. Carmen era tan bonita y dulce que no iba a permitir que un padre sobreprotector me impidiera tener una gran relación. ¡Ni me imaginaba que su padre era un bromista! Tiene el aspecto de un hombre rudo, pero un corazón de osito de peluche.

La curiosidad me llevó a conocer la casa de Ray. La obstinación me hizo regresar una y otra vez. ¿Sería Carmen la «mujer para mí»? ¿Podría nuestra relación durar una semana, un mes, un año, o acaso una vida? ¿Sería esto solo un enamoramiento, o la chispa del amor? ¿Lograría pasar el machete de su padre?

En ese momento no sabía que esa noche cambiaría mi vida. Después de haber sido novios durante cinco años, Carmen y yo nos casamos en una pintoresca iglesia cerca de la casa donde Ray me había amenazado.

Hemos estado juntos durante 15 años. Soy una persona diferente por su influencia. Ella era prolija y organizada. Yo no. Pero he cambiado con el tiempo. Ella me pulió, y yo hice lo mismo con ella. Cuando nos conocimos, por ejemplo, Carmen era extremadamente tímida, pero después de años de viajar por el mundo conmigo, es mucho más extrovertida.

En las páginas de la Biblia encontramos el mismo fenómeno con gente que tuvo un encuentro personal con Jesús. Cuando la gente común pasa tiempo con Jesús, llega a ser completamente transformada.

La historia de Andrés

Andrés, de oficio pescador, fue uno de los seguidores de Jesús más allegados a él durante el tiempo que Jesús estuvo en la tierra. El primer capítulo del Evangelio de Juan desarrolla los detalles de su primer encuentro.

Andrés había sido un estudiante de Juan el Bautista. Este fue un mensajero (un profeta), una de las personas selectas que Dios escogió para comunicar su plan, de forma que la gente lo comprendiera. Juan el Bautista viajaba por el campo diciéndole a la gente que se preparara para la venida de Jesús, quien pronto llegaría para rescatarlos de sus vidas llenas de pecado. No sabemos cuándo o cómo Andrés conoció a Juan el Bautista, pero estaba lo suficientemente cautivado por su mensaje como para seguirlo por todos lados.

Andrés, y otro seguidor de Juan el Bautista, estaban allí el día que Jesús entró al agua mientras Juan estaba bautizando a la gente. Juan anunció a la multitud: «*¡Aquí tienen al Cordero de Dios, que quita el pecado del mundo! De éste hablaba yo cuando dije: "Después de mí viene un hombre que es superior a mí, porque existía antes que yo"*» (Juan 1:29-30).

Al día siguiente Juan el Bautista vio pasar a Jesús y les dijo a Andrés y a su amigo: «¡Aquí tienen al Cordero de Dios!»

«*Cuando los dos discípulos le oyeron decir esto, siguieron a Jesús. Jesús se volvió y, al ver que lo seguían, les preguntó: —¿Qué buscan? —Rabí, ¿dónde te hospedas? (Rabí significa: Maestro.) —Vengan a ver —les contestó Jesús. Ellos fueron, pues, y vieron dónde se hospedaba, y aquel mismo día se quedaron con él. Eran como las cuatro de la tarde*» (En los versos 37-39, el énfasis es mío).

Al mirar este breve encuentro, nadie puede decir que sería el comienzo de la nueva vida de Andrés. Pero al seguir la lectura de esta historia, notamos que Andrés estaba en la situación mental adecuada para recibir la guía de Dios.

Andrés era un buscador espiritual. Ese no es el caso de todos. Algunos se sienten felices de descartar la noción de un Dios, considerándolo un mito antiguo o una leyenda. ¿Qué hizo que Andrés fuera diferente?

De todas las multitudes, de los miles que escucharon las palabras de Juan el Bautista, Andrés fue quien tomó las palabras en serio. Las multitudes tenían curiosidad sobre este Jesús al que Juan se refería. Pero unos pocos dieron el paso importante de indagar los hechos por sí mismos. Andrés lo hizo al hablar con Juan y escuchar sus referencias a la venida de Jesús. Cuando Jesús caminaba sin que lo anunciaran, Andrés estaba allí, escuchando, con el corazón abierto, listo para oír y conocer la verdad.

Mucha gente dice que quiere conocer a Dios por sí misma. ¿Pero, qué hacen al respecto? ¿Esperan que el mensaje de Dios simplemente les llegue? ¿O buscan a este Dios, haciendo el esfuerzo para adquirir este conocimiento que afirman querer? Permíteme preguntarte, ¿has hecho tu tarea? Virtualmente todos tienen alguna opinión de Jesucristo. ¿Y la tuya? ¿La formaste basándote en tu investigación o heredaste la opinión de otro?

Andrés hizo su tarea. Conocía las profecías de la Biblia acerca de Aquél a quien Dios enviaría para rescatar a su pueblo de la autodestrucción. Por eso no nos sorprende que Andrés dejara a Juan el Bautista para investigar a este Jesús por sí mismo.

Andrés buscaba la verdad. La verdad acerca de Dios. La verdad acerca de la promesa de Dios de un cambio personal. Cuando vio venir a Jesús y escuchó la confesión de Juan: «Este es», eso fue suficiente para que se pusiera de pie y siguiera a Jesús con el fin de averiguar más.

En busca de la verdad

Andrés estaba en una posición para recibir la verdad. Estaba escuchando. Yo paso demasiado tiempo en aeropuertos. Una de las reglas básicas que la gente parece olvidar es que cuando tu vuelo está a punto de salir, debes estar en la puerta correcta para escuchar el anuncio y abordar el avión. Suena simple. Sin embargo, cada vez que voy a un aeropuerto escucho el anuncio «llamando al señor Robert Berkman. El vuelo 478 está listo para partir. Por favor, vaya hacia la puerta C 5 para su partida inmediata».

Si no estás en la puerta correcta, no puedes tomar el avión correcto. Bueno, y ¿cómo encuentras la puerta correcta? Hay pantallas por todos lados en el aeropuerto mostrando la información que los viajeros necesitan conocer. La aerolínea. La ciudad de destino. El número del vuelo. El horario de partida. El número de la puerta. Pero tienes que mirar la pantalla, encontrar la información de tu vuelo e ir a la puerta a tiempo. Si nunca miras, está garantizado que perderás tu vuelo.

Es como el encuentro de Andrés con Jesús. Es como si Andrés estuviera en el aeropuerto y leyera los carteles para saber a qué puerta ir. Cuando Jesús llegó, Andrés estaba listo para la aventura que se le presentaba.

Algunas personas piensan que tienes que saber todo acerca de Dios y su Hijo, Jesús, antes de llegar a ser su seguidor. ¡No es verdad! La regla constante que se ve aquí con Andrés y con docenas de otros relatos registrados en la Biblia y la historia es que solo tienes que saber lo suficiente de Jesús para confiar en él y creer que lo que dice es verdad.

Permíteme ilustrarlo. Para viajar desde mi casa en Colorado, hasta Inglaterra, no tengo que tener un título en aeronáutica. Cuando abordo el avión nadie evalúa mi conocimiento sobre controles de vuelo ni me hacen preguntas sobre el procedimiento de aterrizaje. Para tener la confianza de tomar ese vuelo, solo necesito saber lo suficiente acerca de volar como para poner mi vida en las manos de otro.

Necesito saber lo suficiente de la aerolínea como para considerar que es confiable. Necesito confiar en su trayectoria lo suficiente para poner mi vida en sus manos, y créeme, cada vez que abordas un avión, exactamente eso es lo que estás haciendo. Pones tu vida en las manos del piloto y de la tripulación. Confías que ellos te llevarán adonde necesitas ir.

Eso es lo que sucedió con Andrés ese día. Jesús notó que él lo seguía a la distancia, se dio vuelta y le preguntó «¿Qué quieres?»

Puedes aprender mucho de Jesús por lo que no le dice a Andrés. Jesús no comienza con ningún comentario sobre la actual situación de la vida de Andrés ni critica sus elecciones del pasado. No pregunta «¿Qué estás haciendo aquí?» o «¿Te das cuenta a quién le estás hablando?» Jesús no le saca a Andrés una lista de requisitos antes de que este le pueda hablar, ni le entrega una lista de lo que está bien y lo que está mal. No se menciona nada de reglas a seguir antes de que él hable con Andrés.

¿Qué quieres?

Solo hay una pregunta simple y de final abierto: «¿Qué quieres?»

Imagínate a ti mismo en el lugar de Andrés. El Hijo de Dios, absolutamente perfecto, quien lo sabe todo, te pregunte lo que tú quieres. ¿Cómo responderías? Es una gran pregunta que puedes hacerte al comenzar tu viaje espiritual. Después de todo, la gente investiga lo que significa tener una relación con Jesucristo por toda clase de razones. Curiosidad religiosa e intelectual. Sentimientos de soledad y vacío. Tradición familiar. Presión de los compañeros.

Fíjate en la respuesta de Andrés. Expone la actitud de su corazón. «Maestro, ¿dónde te hospedas?» Quería saber más de este Jesús estando con él.

Jesús le respondió rápidamente: «Vengan a ver».

Andrés y sus amigos no dudaron en aceptar la invitación. Tuvieron el maravilloso privilegio de pasar el resto del día con Jesús.

Me gustaría saber más detalles de este día crucial. ¿Qué le preguntaron? De seguro quisieron confirmar que Jesús era la persona que Juan el Bautista llamaba el Cordero de Dios, el que quita el pecado del mundo. Nadie quiere seguir un fraude. Tenían que tener en mente recopilar evidencia. Eran exploradores espirituales en busca de respuestas a las preguntas más difíciles de la vida, tal como tú.

El encuentro de Andrés es el retrato de una relación con Cristo Jesús. Gente que busca sinceramente. Gente que se acerca a Aquel que lo conoce todo, no solo para pedirle cosas, ni una vida mejor, ni la salida de una situación difícil, sino buscándolo a él.

Jesús le hizo una invitación a Andrés: «Ven a pasar el día conmigo y verás dónde me hospedo». Andrés tomó la oferta de Jesús en serio, y lo que hablaron cambió el curso de la vida de Andrés. En unas pocas horas corrió a casa a contarle a su hermano que había encontrado al Mesías (El prometido de Dios). La invitación de Jesús comenzó con un llamado simple: «vengan y vean».

Parece que este fue el mismo procedimiento que usó para llamar a muchos de sus seguidores. En otra ocasión, Jesús le dijo a un grupo de pescadores: «Vengan, síganme y los haré pescadores de hombres».

Continúa leyendo el evangelio de Juan, y verás que poco después su hermano Pedro y él, fueron usados por Jesucristo para ayudar a revolucionar su generación.

Esta puede ser tu historia también, porque Jesús tiene el hábito de tomar a personas comunes y corrientes y transformarlas para que lleguen a ser todo aquello para lo que Dios las creó. ¿Pero cómo? La vida con Dios tiene que empezar en algún lugar. Comienza respondiendo al llamado de Dios.

Imagínate que estás en el aeropuerto y tu vuelo está a punto de partir. Estás en la puerta correcta. El empleado de la puerta llama en voz alta: «¡todos abordo!». Es tu oportunidad de tomar ese avión e ir a algún lugar. Pero debes responder al llamado. Tienes que dar los pasos hacia la puerta y abordar el avión.

De la misma manera, Jesucristo está llamándote a la libertad espiritual. Jesús dice:

> «Vengan a mí todos ustedes que están cansados y agobiados, y yo les daré descanso. Carguen con mi yugo y aprendan de mí, pues yo soy apacible y humilde de corazón, y encontrarán descanso para su alma. Porque mi yugo es suave y mi carga es liviana» (Mateo 11:28-30).

¡Qué oferta! No es un trato 50/50, donde tú traes tus regalos y Dios los suyos. La vida con Dios es cien por ciento su idea y su obra.

Desde el principio

Dale una mirada al primer libro de la Biblia, Génesis, el libro de los principios. Todo en el mundo comenzó con las palabras de Dios. «Y dijo Dios, "¡Que exista la luz!" y la luz llegó a existir» (Génesis 1:3). La luz. La tierra seca. El día y la noche. Los peces y las aves. Las jirafas y los monos. Todos cobraron existencia por la sola palabra de Dios. Las montañas. Los árboles. Las flores. Dios hizo el paisaje de la tierra con sus palabras. Todo existe por lo que Dios habló. Todo fue bueno. Tenía el sello de aprobación de Dios.

Entonces Dios puso atención especial al crear al primer hombre y a la primera mujer:

«Y Dios creó al ser humano a su imagen; lo creó a imagen de Dios. Hombre y mujer los creó. Y Dios el Señor formó al hombre del polvo de la tierra, y sopló en su nariz hálito de vida, y el hombre se convirtió en un ser viviente». (Génesis 1:27; 2:7).

Dios habla y el sol brilla en su lugar. Por su palabra los planetas giran en sus órbitas. Sin embargo, Dios cambia sus tácticas cuando crea a la raza humana. Dios ahora actúa, no solo habla para formar el cuerpo de Adán con el barro, y luego sopla la vida en el marco quieto del hombre.

¿Por qué Dios no le dio vida al hombre solo con su palabra? El escritor del Génesis liga este acto singular de creación con la imagen de Dios. De acuerdo al diseño de Dios, estamos hechos a su semejanza. Hemos sido hechos para parecernos a él, no físicamente, porque Dios no tiene cuerpo, pero en los aspectos invisibles del ser humano. Esto incluye la habilidad de razonar, el deseo de relacionarse y la libertad de elegir.

La vida humana es especial porque Dios eligió hacernos a su imagen. Somos libres para elegir, tal como Dios lo es, libres para tomar nuestras propias decisiones morales en cuanto a lo que está bien y a lo que está mal. La diferencia entre Dios y los seres humanos, por supuesto, es que Dios siempre toma la decisión correcta, y nosotros con frecuencia tomamos la incorrecta.

Pero Dios nunca comete un error. Él hizo a Adán y Eva exactamente de la manera que él quería que fueran, y te hizo a ti de acuerdo a su plan. Ser creado a la imagen de Dios nos da dignidad. No importa qué hayas hecho, eres valioso y valorado por Dios simplemente porque él te creó. El rey David, al pensar en lo bien que Dios lo conocía, lo escribió de esta manera:

«Señor, tú me examinas, tú me conoces. Sabes cuándo me siento y cuándo me levanto; aun a la

25

distancia me lees el pensamiento. Mis trajines y descansos los conoces; todos mis caminos te son familiares. No me llega aún la palabra a la lengua cuando tú, Señor, ya la sabes toda. Tu protección me envuelve por completo; me cubres con la palma de tu mano. Conocimiento tan maravilloso rebasa mi comprensión; tan sublime es que no puedo entenderlo. ¿Adónde podría alejarme de tu Espíritu? ¿Adónde podría huir de tu presencia? Si subiera al cielo, allí estás tú; si tendiera mi lecho en el fondo del abismo, también estás allí. Si me elevara sobre las alas del alba, o me estableciera en los extremos del mar, aun allí tu mano me guiaría, ¡me sostendría tu mano derecha! Y si dijera: "Que me oculten las tinieblas; que la luz se haga noche en torno mío", ni las tinieblas serían oscuras para ti, y aun la noche sería clara como el día. ¡Lo mismo son para ti las tinieblas que la luz! Tú creaste mis entrañas; me formaste en el vientre de mi madre. ¡Te alabo porque soy una creación admirable! ¡Tus obras son maravillosas, y esto lo sé muy bien! Mis huesos no te fueron desconocidos cuando en lo más recóndito era yo formado, cuando en lo más profundo de la tierra era yo entretejido. Tus ojos vieron mi cuerpo en gestación: todo estaba ya escrito en tu libro; todos mis días se estaban diseñando, aunque no existía uno solo de ellos. ¡Cuán preciosos, oh Dios, me son tus pensamientos! ¡Cuán inmensa es la suma de ellos!» (Salmos 139:1-17)

En términos simples, no puede haber un ser humano accidental. No importa si tú eres el resultado del amor de una noche aislada, de una violación o de un nacimiento planeado por tus padres, nada se escapa de la vista de Dios. Te conoció desde antes que tus padres te concibieran y te vio crecer en el vientre de tu madre. Desde el principio hasta el final, su plan se desarrolla en ti y alrededor de todo lo que haces. No estás solo.

Volvamos al encuentro de Andrés con Jesús. ¿Puedes verlo ahora bajo otra luz? No es que Andrés se tropezó con Jesús. El hecho sutil es que Jesús lo estaba buscando. Dios creó a Andrés para que conociera a Jesús. Y el deseo de Jesús desde el principio era conocer a Andrés. Jesús vino a este planeta en busca de este pescador común de Palestina.

Es justo decir que Andrés es como nosotros. Aceptó la invitación de Jesús para vivir de una nueva forma . Ven. Ven a ver todo lo que Jesús tiene preparado para ti. Ven a ver un futuro lleno de propósito. Ven a comenzar una relación con el Creador del universo, Aquel que te creó en el vientre de tu madre.

Es la mejor invitación de tu vida. He visto gente que respondió a esta invitación en todo el mundo.

La historia de Diana

Conocí a Diana en un pueblito de Estonia. Solo tenía dieciséis años y vino al club que habíamos alquilado para una fiesta. Sin embargo, ella no sabía que habíamos alquilado el club para invitar a los estudiantes a escuchar cómo podían conocer a Cristo personalmente.

Diana fue una de las primeras en llegar. Antes del concierto, cuando comenzó a sonar una música grabada, no perdió el tiempo y avanzó para ser la primera en la pista de baile pasando entre la multitud. Al verla noté que no tenía la menor idea de qué tipo de fiesta era esta.

Tres bandas tocaron música con ritmo vivo y algunos miembros de las bandas relataron cómo habían sido sus encuentros personales con Jesús. Le encantó a la gente y pedían más. Diana se encontraba justo delante, cuando me puse de pie para hablar. Le dije a la multitud de estudiantes que Dios los había hecho, amado y aceptado; incluso con todas sus faltas.

Cuando les conté de qué manera ahora era posible que tuvieran una relación con Dios por medio de Jesucristo, Diana se conmovió. Esa noche, en un club de un pueblito de Estonia, Diana siguió los pasos de Andrés. Puso su confianza en Jesucristo para que la rescatara y la transformara. Hoy en día es una nueva persona. Dice que antes se preguntaba qué clase de vida podía tener en un pueblito de Estonia. A menudo se preguntaba *¿Cómo voy a salir de este lugar?* Pero ahora sabe que está en el lugar exacto, allí donde Dios la quiere tener, y si su plan cambia, él la guiará al lugar donde necesite estar.

El mejor viaje de tu vida

Si quieres experimentar el mismo viaje, te tienes que subir abordar. Ahora mismo hay un boleto con tu nombre. Y si lo tomas, estarás en camino para hacer el mejor viaje de tu vida.

2

Tu boleto
Por qué este trato es tan bueno

A quienes tienen el boleto les espera un viaje en avión hacia un destino impresionante. Para abordar hace falta un boleto, evidencia de tu pago y de tu derecho a estar en el avión. En nuestra aventura con Jesucristo también se necesita un boleto. ¿Cómo lo conseguimos? ¿Cuánto cuesta? Debemos saber lo que se necesita para conocer a Dios y tener un asiento en el avión.

Doce de febrero del 2003. Conduzco hacia casa mientras reviso los mensajes en mi oficina desde mi celular. Nada nuevo. Al menos hasta el tercer mensaje. No recuerdo de qué se trataban los primeros dos mensajes, después de escuchar el tercer mensaje, los otros no parecieron tan importantes.

Decía: «Esta es la oficina de hospitalidad de la Casa Blanca...» Pausa. Retrocedo y escucho. «Esta es la oficina de hospitalidad de la Casa Blanca. De parte del presidente George y Laura Bush, usted y su esposa, Carmen, están invitados a tomar el desayuno con el presidente y la primera dama el 1 de mayo en la Casa Blanca. Por favor, llame al siguiente teléfono para confirmar si podrá asistir».

Retrocedo. Escucho otra vez. «Esta es la oficina de hospitalidad de...»

¿Un llamado de la Casa Blanca? ¿El presidente nos está invitando a mi esposa y a mí a desayunar con él? Parecía demasiado bueno para ser cierto. Necesitaba detenerme y recuperar el aliento. Cuando finalmente me di cuenta de que esta no era una broma, mis latidos se aceleraron.

No me llevó mucho tiempo llamar a la Casa Blanca para responder. Unos días después de llamar me llegó la invitación oficial por correo. No sé si a ti te pasa lo mismo, pero yo recibo por esa vía, gran cantidad de publicifdad. Propagandas de productos que no necesito o solicitudes para otra tarjeta de crédito. La mayoría termina en el latón de la basura. Si puedo darme cuenta de qué tipo de correo estoy recibiendo con solo mirar el sobre, ni me molesto en abrirlo. Pero cuando llegó este sobre lo traté con el mayor cuidado. ¡He!, este era mi boleto para conocer al presidente de los Estados Unidos. Un honor que no me quería perder.

Hice lo que probablemente tú harías. Llamé a mis padres, familiares y amigos; a todos los que me acordé. No para alardear, por supuesto. Es que una noticia tan buena no se puede callar. No todos los días uno recibe un llamado de la Casa Blanca y una invitación para desayunar con uno de los líderes mundiales.

Pronto llegó el 1 de mayo. Carmen se compró un vestido nuevo. Yo me compré un traje nuevo, camisa blanca impecable y corbata roja. Mi objetivo: una foto con el presidente para poder colgarla en la pared de mi oficina. Sería el recuerdo de un momento inolvidable.

Viajamos en avión a Washington dos días antes. Si el clima se ponía desfavorable queríamos tener tiempo suficiente para poder hacer las conexiones de vuelos. Es más, buscamos un hotel desde donde se podía llega a la

Casa Blanca a pie. No queríamos correr ningún riesgo con el tránsito.

El día comenzó con una llovizna suave. Al llegar a la entrada le dimos nuestros nombres al guardia de seguridad mientras él garabateaba unas notas. Mostramos nuestras identificaciones con foto. Ya estábamos un paso más cerca. Después nos hicieron revisiones de seguridad, pero pronto nuestra escolta nos llevó a una habitación distinguida con un elegante despliegue de comida. Desayuno con el presidente.

Los otros invitados entraban y salían sin prisa. Me cautivaron las pinturas en las paredes, los muebles recargados de adornos y en cada detalle tenía la sensación de haber entrado en la historia. No había sillas en la habitación para tomar una comida sentados. Habían servido un Desayuno Continental para que los invitados pudieran disfrutar el ambiente mientras comían sin cubiertos.

Algunos camareros escoltaron al grupo dentro del salón donde tendría lugar el programa oficial. Con pompa militar, llegó el Servicio Secreto escoltando al presidente y a la primera dama hasta sus lugares, mientras todos nos quedamos de pie en señal de respeto, y para poder ver mejor.

El programa incluía música, una oración por la nación, algunos discursos y luego las palabras del presidente. Las cámaras de televisión captaron cada palabra para luego repetir las mejores partes, más tarde, en todo el mundo.

Al final, el presidente y su cortejo se fueron. Los camareros escoltaron a nuestro grupo hasta un balcón desde donde pudimos ver tres helicópteros militares que volaban hacia el jardín de la Casa Blanca. Con precisión, como docenas de veces yo había visto en la televisión, el presidente caminó lentamente hacia el helicóptero, se dio vuelta para saludar a sus invitados, y fue llevado hasta el aeropuerto para tomar el Fuerza Aérea Uno. Su próxima cita ya lo esperaba.

Fuerza Aérea Uno

No hubo apretón de manos, ni un saludo personal o una foto. No me malentiendas. Este fue un hecho memorable en nuestras vidas. Recordaremos esas pocas horas por siempre. Es una historia que espero poder contarle a mis nietos algún día. Fue algo tremendo, pero distante. Fue un honor, pero no fue muy personal.

Esto pone a la invitación que Dios nos hace a todos, la invitación de conocerle y sentir su poder de cambiar vidas, en una nueva perspectiva.

Esta es una invitación mayor que la de tener una breve ocasión con una figura internacional. Viene del Dios del universo. El Creador de todo lo que hayas visto u oído jamás. El Maestro Planificador que conoce la actividad de cada ser vivo, te invita a ti, llamándote por tu nombre, a una relación duradera con él. Esto es más que una invitación a desayunar, donde solo lo ves a Dios desde la distancia. Él pasa tiempo contigo personalmente. Te permite llegar a conocerlo.

Para muchos una relación con Dios es tan distante como mi experiencia en la Casa Blanca. Vas a la iglesia y, aparentemente estás cerca de donde se supone que está Dios, pero te vas sin que él jamás se dé cuenta de tu presencia de forma personal. La experiencia es agradable. Te llevas un lindo recuerdo y aprendes alguna enseñanza moral. Pero no existe un cambio duradero.

De la misma manera, puedo decir que conozco acerca del presidente Bush, pero no lo conozco personalmente. He leído muchos artículos, lo he escuchado en la televisión y en la radio, y estuve a tres metros de darle la mano. Pero eso es todo. Hasta allí llega nuestra relación. ¿Lo conozco de verdad? ¿Sé cómo es? ¿Puedo pedirle un consejo? ¿Estará presente cuando más lo necesite? No. Pero no es culpa del presidente. Es solo que casi no nos conocemos.

Sin embargo, sus hijas mellizas conocen bien al presidente. Su relación es íntima. Él las crió. Él conoce sus mañas y sus dones. Y si en cualquier momento ellas necesitan algo, tienen una línea directa a la oficina presidencial. Le pueden hablar a su teléfono celular.

La Biblia señala un camino para que cada persona que busca a Dios pueda tener encuentros personales similares. El apóstol Pablo, que escribió la mitad de los libros del Nuevo Testamento de la Biblia, describe la situación en términos claros:

> «Antes, ustedes estaban muertos para Dios, pues hacían el mal y vivían en pecado. Seguían el mal ejemplo de la gente de este mundo. Obedecían al poderoso espíritu en los aires que gobierna sobre los malos espíritus y domina a las personas que desobedecen a Dios».

> «Antes nosotros nos comportábamos así, y vivíamos obedeciendo a los malos deseos de nuestro cuerpo y nuestra mente. ¡Con justa razón merecíamos ser castigados por Dios, como todos los demás!» (Efesios 2:1-3; BLS)

¿Te refieres a que la Biblia dice que estoy muerto y condenado? Bueno... ¡sí! Pero no te sientas solo, no eres el único. Desde la primera pareja en la Tierra, hasta todos los que hoy vivimos en este planeta, todas las personas, en algún momento de sus vidas, han rechazado el plan de Dios, obteniendo resultados desastrosos.

A la luz de esta afirmación, volvamos a la historia de Adán y Eva, y observemos su relación con Dios.

«*Dios el Señor tomó al hombre y lo puso en el jardín del Edén para que lo cultivara y lo cuidara, y le dio este mandato: «Puedes comer de todos los árboles del jardín, pero del árbol del conocimiento del bien y del mal no deberás comer. El día que de él comas, ciertamente morirás.»*

«*En ese tiempo el hombre y la mujer estaban desnudos, pero ninguno de los dos sentía vergüenza*» (Génesis 2:15-17, 25).

¡Así era la vida que Dios planeó! Dios creó a Adán y a Eva con libertad para disfrutar de todo lo que había en el jardín. Todo era perfecto. Tenían comida, un lugar donde vivir... Adán y Eva se tenían el uno al otro. Lo que es más, conocían a Dios de una forma que nos parece extraña a la mayoría de nosotros.

Fíjate que eran libres, no robots. Eran libres para elegir lo que quisieran comer en el jardín. Dios simplemente designó un árbol del que no debían comer. Podían tener todo lo que quisieran, excepto un árbol. Y Dios fue claro en cuanto a los resultados de la desobediencia: «*El día que de él comas, ciertamente morirás*».

Había cientos, quizás miles de opciones positivas. Frutas y verduras de toda clase. Lo único que se necesitaba para mantener todo en orden era obediencia de corazón. El hombre y la mujer tenían que obedecer las instrucciones claras de Dios (una lección universal que todavía estamos aprendiendo). Por un tiempo Adán y Eva confiaron en el liderazgo de Dios. Evitaron el árbol y «*el hombre y la mujer estaban desnudos, pero ninguno de los dos sentía vergüenza*».

Hay algo hermoso en la inocencia. En este momento tenemos correteando en casa a un chiquitín. Es tan divertido observar a nuestro Jonás de dos años. Ahora que soy padre entiendo el libro de Génesis mucho mejor. Entiendo la necesidad de límites. Si bien Jonás tiene libertad, es una libertad dentro de ciertos límites. Por ejemplo, todavía no puede subir y bajar las escaleras con seguridad, entonces ponemos una pequeña puerta al pie de la escalera para mantenerlo en la planta baja de la casa. Si no pusiéramos la puerta, subiría las escaleras, e inevitablemente se lastimaría. Los buenos padres ponen límites. Algunas cosas están fuera de esos límites.

Hay una belleza en la inocencia de Jonás. Le encanta el momento del baño, es su parte del día preferida. Con solo decir «a bañarse» ya se empieza a sacar la ropa. Si se lo permitiéramos, andaría desnudo por la casa todo el día. No tiene sentido de la vergüenza. Cuando se mantiene dentro de sus límites, todo anda bien. Tiene padres que lo cuidan, comida, calor... es el Jardín del Edén con algunos camiones de juguete y muñecos de Elmo.

Sin embargo, como padre, llegas a apreciar la otra mitad de la historia de Adán y Eva.

La Biblia continúa contándonos que la serpiente era la más astuta entre todos los animales que Dios había creado. La serpiente le dijo a la mujer: «*¿Es verdad que Dios les dijo que no comieran de ningún árbol del jardín?*»

«*"Podemos comer del fruto de todos los árboles" respondió la mujer. "Pero, en cuanto al fruto del árbol que está en medio del jardín, Dios nos ha dicho: 'No coman de ese árbol, ni lo toquen; de lo contrario, morirán'". Pero la serpiente le dijo a la mujer: "¡No es cierto, no van a morir! Dios sabe muy bien que, cuando coman de ese árbol, se les abrirán los ojos y llegarán a ser como Dios, conocedores del bien y del mal"*» (Génesis 3:1-5).

Mientras estoy aquí esperando, puedo ver al pequeño Jonás tratando de empujar la puerta. O mejor dicho, ¡tratando de trepar la puerta para pasar por arriba! Le hemos dicho «no» muchísimas veces. Él sabe que subir las escaleras es pasar el límite, pero, de alguna forma, en su mente existe la necesidad de pasar los límites. Jonás tiene la libertad de elegir confiar en nuestro liderazgo y obedecer nuestras instrucciones simples. Con demasiada frecuencia, sin embargo, se va por el otro lado y elige salir corriendo enloquecido hacia las escaleras.

Y no es el único.

Muertos y condenados

La serpiente ofreció una interpretación alternativa de la advertencia de Dios. La serpiente dijo: «¡no van a morir!» «La verdad es que las razones de Dios son egoístas. Dios sabe que serán como él si comen del árbol, por eso dijo que no lo toquen».

La tentación a desobedecer se produce por no entender el carácter de Dios. Dios es bueno. Dios es amor. No es que él hace el bien o da amor. Él *es* bueno y *es* amor. Él no se guarda lo mejor poniéndonos límites. Un Dios amoroso busca lo mejor para nosotros y actúa de nuestra parte. Eso es lo que vemos en la escena de este jardín. Dios puso todo lo que Adán y Eva podrían llegar a querer. Lo único que pedía a cambio era que confiaran en él. En definitiva, las relaciones se construyen cimentadas en la confianza. La confianza se demuestra por medio de la obediencia.

> *«La mujer vio que el fruto del árbol era bueno para comer, y que tenía buen aspecto y era deseable para adquirir sabiduría, así que tomó de su fruto y comió. Luego le dio a su esposo, y también él comió»* (Génesis 3:6).

Adán y Eva creyeron la mentira. No, el fruto no era bueno para comer. Dios había dicho que el fruto los destruiría. Sí, puede haber sido agradable a la vista, pero tenía mucho más sentido confiar en el liderazgo de Dios. Y comer del fruto parecía deseable para obtener conocimiento. ¿Quién les dijo eso? ¿Dios? De ninguna manera. Escucharon la voz de la serpiente en lugar de escuchar a Dios. Eligieron y comieron el fruto.

A veces desearía poder leer la mente de Jonás. Me acuerdo que cuando tenía dos años, entendía la diferencia entre lo bueno y lo malo. Le habíamos dicho que no fuera a las escaleras y cuando se acercaba a ellas, nos miraba con su mano extendida en el aire hacia la manija de la puerta.

Se parece mucho al resumen del apóstol Pablo sobre la naturaleza humana en Efesios 2, ¿no es cierto? Seguimos las pasiones y deseos de nuestra naturaleza pecaminosa con la que nacimos.

Adán y Eva eligieron hacer lo suyo. Así como Jonás. Es mi historia y es la tuya también. Y es de donde sacamos nuestro sentido de la vergüenza.

37

La naturaleza pecaminosa y la ira de Dios

«En ese momento se les abrieron los ojos, y tomaron conciencia de su desnudez. Por eso, para cubrirse entretejieron hojas de higuera. Cuando el día comenzó a refrescar, oyeron el hombre y la mujer que Dios andaba recorriendo el jardín; entonces corrieron a esconderse entre los árboles, para que Dios no los viera» (Génesis 3:7-8).

La serpiente les mintió a Adán y a Eva. Les dijo que no morirían. Les dijo que sus ojos serían abiertos y que serían como Dios. Pero no los vemos volverse como Dios de repente. Al contrario, vemos a Adán y a Eva que se cubren con hojas de higuera y se esconden.

«Pero Dios el Señor llamó al hombre y le dijo: "¿Dónde estás?" El hombre contestó: "Escuché que

andabas por el jardín, y tuve miedo porque estoy desnudo. Por eso me escondí".
"¿Y quién te ha dicho que estás desnudo?" le preguntó Dios. "¿Acaso has comido del fruto del árbol que yo te prohibí comer?"
Él respondió: "La mujer que me diste por compañera me dio de ese fruto, y yo lo comí".
Entonces Dios el Señor le preguntó a la mujer: "¿Qué es lo que has hecho?"
"La serpiente me engañó, y comí", contestó ella»
(Génesis 3:9-13).

La desobediencia había inundado sus almas. En lugar de decir la verdad y admitir su error, trataron de justificarse con excusas. Es el principio del juego de echar culpas.

Me siento identificado con la experiencia de Adán y Eva. Yo no crecí en una casa con jardín, sino en la ciudad de Nueva York. Pero me siento identificado con ellos porque, yo también, sabiendo lo qué está bien, elijo hacer lo diametralmente opuesto. Estoy seguro que tú también te sientes identificado con ellos.

La desobediencia tiene un precio. Adán y Eva no la sacaron barata. Los sorprendieron con las manos en la masa, y como consecuencia tuvieron que sufrir.

Primero Dios maldijo a la serpiente:

«Dios el Señor dijo entonces a la serpiente: "Por causa de lo que has hecho, ¡maldita serás entre todos los animales, tanto domésticos como salvajes! Te arrastrarás sobre tu vientre, y comerás polvo todos los días de tu vida. Pondré enemistad entre tú y la mujer, y entre tu simiente y la de ella; su simiente te aplastará la cabeza, pero tú le morderás el talón"».

Luego Dios le dijo a Eva:

«Multiplicaré tus dolores en el parto, y darás a luz a tus hijos con dolor. Desearás a tu marido, y él te dominará».

Y finalmente Dios le habló a Adán:

«Por cuanto le hiciste caso a tu mujer, y comiste del árbol del que te prohibí comer, ¡maldita será la tierra por tu culpa! Con penosos trabajos comerás de ella todos los días de tu vida. La tierra te producirá cardos y espinas, y comerás hierbas silvestres. Te ganarás el pan con el sudor de tu frente, hasta que vuelvas a la misma tierra de la cual fuiste sacado. Porque polvo eres, y al polvo volverás».

«Entonces Dios el Señor expulsó al ser humano del jardín del Edén, para que trabajara la tierra de la cual había sido hecho» (Génesis 3:14-19, 23).

Dolor. Maldición. Trabajo. Estas son nuevas palabras en su vocabulario. Un acto de desobediencia y el efecto en cadena trastorna todo a su alrededor. Se maldice a la serpiente. La mujer experimentará dolores. El hombre trabajará más duro de lo necesario, y a menudo su trabajo no producirá fruto. El jardín ahora está fuera de los límites. El fin de su elección es la muerte.

¡Qué contraste! Al principio veías a Dios caminando en medio del jardín, en la hora fresca del día, que pasaba tiempo con Adán y Eva. Ahora corren, se esconden, ponen excusas y pagan su castigo por sus elecciones.

¿Te suena conocido? Si has estado buscando a Dios, sabes lo que es correr, esconderse y poner excusas. Nacimos con una naturaleza pecaminosa. Desde la primera familia hasta hoy, la raza humana le ha dado la espalda a las instrucciones de Dios. No es un cuadro agradable.

Con el tiempo, Eva tuvo a Caín y Abel. Los hermanos trajeron ofrendas al Señor. La buena noticia es que ellos buscaban una relación con Dios. La mala noticia es que Caín permitió que su relación fuera contaminada por la maldad en su corazón. Se enojó con su hermano Abel y lo mató (Génesis 4:8). Adán y Eva comieron del fruto prohibido; su hijo Caín mató a su hermano. La raza humana rápidamente cayó a pique desde la perfección en el jardín, a la perversión en nuestras almas. Después de unas pocas generaciones el Señor vio «que la maldad del ser humano en la tierra era muy grande, y que todos sus pensamientos tendían siempre hacia el mal» (Génesis 6:5).

La saga continúa hoy en día. La Biblia es brutalmente honesta en su forma de mostrar el corazón humano.

«Las obras de la naturaleza pecaminosa se co-nocen bien: inmoralidad sexual, impureza y liberti-naje; idolatría y brujería; odio, discordia, celos, arre-batos de ira, rivalidades, disensiones, sectarismos y envidia; borracheras, orgías, y otras cosas parecidas. Les advierto ahora, como antes lo hice, que los que practican tales cosas no heredarán el reino de Dios» (Gálatas 5:19-21).

«En ese tiempo también todos nosotros vivíamos como ellos, impulsados por nuestros deseos pecami-nosos, siguiendo nuestra propia voluntad y nuestros propósitos. Como los demás, éramos por naturaleza objeto de la ira de Dios» (Efesios 2:3).

Culpable es culpable

El hecho es que nadie merece conocer a un Dios que por naturaleza es perfecto. Nuestros corazones llenos de pecado, no nos permiten conocer a Aquel que nos creó, ni disfrutar de su presencia y propósito.

¿Te parece deprimente? Sí, ¡pero eso es solo la mitad de la historia!

Desde el principio, Dios prometió un plan de escape. Lo que nuestro pecado destruyó, Dios planeó restaurarlo. Cuando Adán y Eva pecaron y fueron expuestos, Dios «*hizo ropa de pieles para el hombre y su mujer, y los vistió*» (*Génesis 3:21*). Cuando Dios le habló a la serpiente, sutilmente, él estaba diciendo lo que sucedería en el futuro: la simiente de Eva, un día, «aplastaría» la cabeza de la serpiente. Esa es una sentencia final.

La serpiente ganó la etapa uno de la batalla. Nuestro pecado nos ha separado de Dios. Si no fuera por la iniciativa de Dios, no podríamos disfrutar de una relación íntima con él. Sin embargo, el amor de Dios por nosotros nunca ha fallado ni ha disminuido. Cuando llegara el momento perfecto, enviaría a Aquél que aplastaría a la serpiente y destruiría el poder del pecado.

Su nombre es Jesucristo. Él es nuestra única escapatoria. Filipenses 2:6-11 nos relata lo que hizo Jesús:

> «*Aunque Cristo siempre fue igual a Dios, no insistió en esa igualdad. Al contrario, renunció a esa igualdad, y se hizo igual a nosotros, haciéndose esclavo de todos. Como hombre, se humilló a sí mismo y obedeció a Dios hasta la muerte: ¡murió clavado en una cruz!*
>
> *Por eso Dios le otorgó el más alto privilegio, y le dio el más importante de todos los nombres, para que ante él se arrodillen todos los que están en el cielo, y los que están en la tierra, y los que están debajo de la tierra; para que todos reconozcan que Jesucristo es el Señor y den gloria a Dios el Padre*». (*BLS*)

41

La muerte de Jesucristo y su resurrección de entre los muertos, destruyó el poder del diablo, la serpiente, y preparó el camino para que tú y yo conociéramos a Dios. Ya ves, nosotros no podíamos llegar a Dios por nuestros propios medios. Un Dios perfecto no puede tener pecadores como tú y como yo en su presencia. Jesucristo abrió el camino entre Dios y nosotros. Él murió para que nosotros no tuviéramos que morir espiritualmente. ¡La tumba no es el final de nuestras vidas! La Biblia dice que la salvación del pecado y la vida eterna con Dios en el cielo, están disponibles para todos los que confían en su perdón.

¿Has confiado en Jesucristo como el Camino, la única provisión de Dios para el problema del pecado? Para subir al avión se necesita tener un boleto. Jesús es nuestro boleto.

42

Para poder abordar este avión necesitas probar que hay lugar para ti. En el próximo capítulo vamos a dar una mirada a quién es Jesús, y cómo él es tu único boleto para el mejor viaje de tu vida.

Un nuevo comienzo. Un destino asombroso. Esto es lo que te espera cuando te aferras a tu boleto y subes al avión. Y tú me preguntarás «¿cómo consigo el boleto? ¿cuánto me costará? Si quiero conocer a Dios ¿qué tengo que hacer?» Eso es lo que todos quieren saber.

Sigue leyendo, porque hay un boleto a tu nombre... y ya está totalmente pagado. No te costará nada.

3

Transfiere tu confianza

Pon tu carga en el Señor

La noche del viernes, ya fue demasiado.

Por varias semanas Rafael había estado cayendo en una espiral descontrolada. El pago por tantos años de alcohol y abuso de drogas. Tenía una infección bronquial que no podía superar, alucinaciones por mezclar medicinas y depresión.

«Rafael» le dijo el doctor, «más vale que te calmes y empieces a limpiarte. A este ritmo no vas seguir vivo mucho más tiempo».

Fue un llamado de atención, el momento de tomar a Dios en serio.

Mi hermano había escuchado de Jesús desde que era un niño. Iba a la iglesia. Leía la Biblia. Pero eso era todo. En la escuela secundaria, los amigos y las fiestas llegaron a ser más importantes que «la religión». Ahora, con 27 años, su cuerpo estaba acabado por las fiestas.

La cocaína y el alcohol comenzaron como algo ocasional, pero Rafael pronto necesitó «un toque para volar» tres, cuatro y hasta cinco veces por semana. Las drogas lo mantenían despierto, entonces comenzó a usar pastillas para dormir, al menos un par de horas antes de ir a trabajar, en la mañana. Si perdía su trabajo no tendría dinero para las drogas.

Ni siquiera la infección respiratoria detuvo su uso de cocaína. Mis padres encontraron a Rafael en el piso de su dormitorio en medio de las convulsiones que le había provocado una sobredosis de cocaína y medicina. Rafael nos contó después que podía sentir *el mal* en su habitación, como si demonios, los agentes infernales de Satanás, lo estuvieran tocando.

«¡Dios, te necesito!», exclamó.

«Rafael, necesitas a Dios», le dijo papá.

Rafael sabía que era un pecador en rebeldía contra el plan de Dios. Así fue que el Viernes Santo, el día que los cristianos recuerdan la muerte de Jesús en la cruz, mi hermano tuvo un completo cambio de vida.

Arrodillado al lado de la cama de mis padres, se puso a cuentas con su pasado y le pidió ayuda a Dios. «Jesús, yo creo que me puedes salvar. ¡Sálvame!»

En el capítulo anterior vimos lo lejos que en realidad estamos de Dios. Desde el primer día, estamos llenos de pecado, y no llegamos ni por asomo al estándar de Dios. Si este fuera el final de la historia, sería muy deprimente. Mira el resto:

> *«Pero Dios, que es rico en misericordia, por su gran amor por nosotros, nos dio vida con Cristo, aun cuando estábamos muertos en pecados. ¡Por gracia ustedes han sido salvados!*
>
> *Porque por gracia ustedes han sido salvados mediante la fe; esto no procede de ustedes, sino que*

es el regalo de Dios, no por obras, para que nadie se jacte». (Efesios 2:4-5, 8-9)

Mi hermano Rafael había sido un muchacho muy bueno. No era la peor persona en el mundo, ni la mejor. Así es como la mayoría de las personas se ven a sí mismas. Pueden mejorar, pero básicamente se sienten buenos.

Cuando hablamos de conocer a un Dios perfecto, «bueno» no es suficiente.

En la presencia del Juez

Hace poco me detuvo la policía por conducir sin usar el cinturón de seguridad. La verdad es que lo uso la mayor parte del tiempo. Pero cuando subí al auto estaba hablando en mi celular y salí sin siquiera pensar en eso.

45

El oficial me vio en una luz roja y me hizo detener el auto. Yo estaba medio sorprendido: no me imaginé por qué había encendido sus luces. «¿Sabe usted por qué lo detuvo?», me preguntó.

«No, la verdad que no», le contesté con cautela.

«Noté que no está usando su cinturón de seguridad».

¡Oh! Ni me molesté en explicarle que siempre me acuerdo de usarlo. Él ya tenía mi licencia de conducir y estaba escribiendo una boleta de multa. Lo que yo no sabía es que por este tipo de violación hay que ver a un juez. Nunca antes había estado en una corte. Sí, había tenido multas por exceso de velocidad, pero esta era una experiencia nueva.

De pie, esperando afuera del tribunal, el empleado me informó cuáles eran mis dos opciones. Opción 1: declararme culpable y pagar la multa. Opción 2: hablar con el juez y explicarle mi situación.

Exceso de velocidad

Pensé, ¿qué puedo perder? Ya sabía que era culpable. Quizás el juez fuera amable y me dejara ir sin problemas. Así que esperé mi turno para entrar.

«José Zayas, de pie por favor». Suena tonto habiendo visto tantas escenas de tribunales en televisión, pero me puse nervioso al ver a la jueza.

La jueza fue directo al punto. «¿Cómo se declara, señor Zayas?»

«Culpable, su Señoría».

«¿Así que usted no estaba usando su cinturón de seguridad?»

«No, su Señoría».

«¿Alguna vez pensó en lo que le podría suceder en un accidente sin ese cinturón, joven?», continuó la jueza.

«Sí, su Señoría. Y le voy a ser sincero. Lo uso la mayor parte del tiempo».

«Voy a hacer lo siguiente. Esta parece ser su primera vez frente a este tribunal. ¿Verdad?»

«Sí, su Señoría».

«A pesar de que se ha declarado culpable, voy a quitar el cargo presentado en su contra y bajar el monto de la multa», dijo mientras tomaba nota en el papel que tenía adelante.

«¿Quiere decir que esto no aparecerá en mi historial de conductor?»

«No, pero sí estoy pidiendo que tome un curso sobre medidas de seguridad al conducir. Y señor Zayas, no quiero volver a verlo por aquí. ¿Queda claro?»

«Sí, su Señoría».

Con esto el alguacil me entregó mi boleta con las notas de la jueza. La llevé al empleado y quitaron esta violación de mi historial.

Fui perdonado y mi registro quedó limpio.

46

Un favor especial

Culpables. Todos somos culpables frente a Dios. Es un hecho. Pero ese día ante el tribunal, aprendí una gran lección. El juez tiene el poder de cambiar el veredicto, a pesar de que yo sea culpable. Si el juez lo desea, puede quitar el castigo y perdonar al culpable.

Qué gran imagen de la «gracia». Otra forma de describirlo es «favor especial». Dios juzga que soy culpable, pero su Hijo, Jesús, se para a mi lado y dice «Yo pagaré la deuda en su totalidad». Ese es su favor especial.

Cuando Jesús murió en la cruz, él pagó el castigo por todo lo malo, los «errores» o «pecados», que yo había cometido. En el caso de mi falta del cinturón de seguridad, el castigo era de $110. Yo tenía el dinero para pagarlo, pero la jueza, por misericordia, bajó el pago.

¿Cuál es el castigo por el pecado? ¿Estás listo? La muerte. Sí, ¡la muerte! Si no eres perfecto morirás. Buenas noticias, ¿no es cierto?

«Porque la paga del pecado es muerte, mientras que la dádiva de Dios es vida eterna en Cristo Jesús, nuestro Señor». (Romanos 6:23)

Eso es exactamente lo que Jesús hizo por ti para que no tuvieras que morir. Él murió. Murió voluntariamente para pagar el precio más alto por tu rebeldía.

Ahora, Dios en su misericordia, y gracias al abundante amor que tiene por nosotros, perdonará a cualquier persona que confíe que él puede hacerlo.

¿Por qué Dios haría algo así? Cuando Dios nos miró y vio la maldad en nuestros corazones, actuó por amor al ponerse en un cuerpo humano que caminara sobre la tierra, y luego pagó nuestro castigo. El hecho de que Jesús viniera a la tierra a pagar nuestro castigo es una prueba de que Dios no está enojado con nosotros. Dios quiere estar con nosotros. Nos ama. Lo prueba al aceptar la muerte de Jesús como pago por el castigo de mi pecado.

La vida espiritual es un regalo que Dios ofrece a todos los que confíen en lo que Jesús hizo por ellos. La prueba está en lo que Jesús dijo en varias ocasiones, que moriría y se levantaría en tres días. Lo hizo. Los cristianos llaman a este hecho crucial de la historia, la resurrección. Dios levantó a Jesús de entre los muertos al tercer día después que lo crucificaron. La gente lo vio. Lo tocó. Comió con él. Y cuando Jesús salió caminando de esa tumba, vivo y victorioso, la tierra se llenó de esperanza. La esperanza de que nosotros también podemos estar vivos con Dios.

Pero tengo que confiar que Dios lo hará por mí.

48 Mi vida está en las manos de Dios

Volviendo a mi experiencia en los tribunales, confié en que la jueza quitaría el castigo. Cuando dijo «te perdono», le tomé la palabra y salí de ese tribunal sin culpa.

Es como subir a ese avión. En el momento que salgo del puente de embarque y entro en el avión a tomar mi asiento, ¿en realidad qué estoy haciendo? Con frecuencia no pienso en esto, pero cuando subo a un avión, estoy poniendo mi vida en las manos de otras personas. Por mis acciones he dicho «confío en que ustedes me llevarán a donde necesito ir». Específicamente, he puesto toda la carga sobre el piloto. Le confío mi vida al piloto.

Para ser rescatados de nuestras vidas llenas de pecados necesitamos eso mismo. Cuando confiamos en Jesús, ponemos todo el peso en el hecho de que Jesús pagó por nuestros pecados y se levantó de la tumba para rescatarnos, — la Biblia dice que él «nos da vida».

En el momento que confías en lo que Jesucristo hizo por ti, Dios te despierta para darte vida espiritual, la Biblia llama a esto «vida eterna». Es decir una vida en relación con Dios, hoy mañana, siempre.

Una relación con Dios no es como una relación humana de esposos, padres o amigos, que está sujeta a algún tipo de decepción y donde la confianza se pierde, a veces de manera trágica. Nuestra vida con Dios es la mejor de las relaciones. Él nunca decepciona, nunca falla, nunca se va. Dios te acepta con todos tus problemas. ¿Por qué? Porque te ama, y en su Hijo, Jesucristo, los boletos ya están pagados.

¿Eso es todo?

¿No necesito hacer algo más? ¡No! Repito: ¡No! No hay que hacer nada más. Dios pagó tu boleto completo. No hay forma de que puedas alardear de cómo enderezaste tu vida para que Dios te aceptara. Eres culpable de pecado hasta el momento en que confías que Jesús te rescató, entonces Dios te da inmediatamente vida eterna.

¿Y qué de la oración? Alguien te puede haber dicho que tienes que hacer una oración. ¿Tu oración te salvará? Bueno, en un nivel práctico, es bueno hablar con Dios y contarle que confías en que su Hijo te ha rescatado. Pero la oración no te salva.

Quizás alguien te haya dicho que le entregues tu vida a Dios y te alejes de todo lo que hiciste, y entonces Dios te salvaría. Es cierto que Dios no quiere que vivas una vida de pecado, pero ¿cómo puede un hombre muerto («estábamos muertos en nuestros delitos y pecados») alejarse de algo? Cuando confías en Jesús, Dios te da el poder de resistir la tentación y seguir sus mandamientos.

Primero, Dios te salva. Es un asunto de confianza.

Luego, Dios te dirige. Puedes, y lo harás, vivir de forma diferente una vez que hayas confiado en Jesucristo.

Da la casualidad que estoy escribiendo este capítulo en un vuelo de regreso a casa. Para subir al avión le entregué mi boleto a la azafata. Otra persona había pagado el boleto, pero tenía mi nombre en él. Una vez que la azafata tomó mi boleto, caminé dentro del avión y tomé mi asiento.

Ahora, mientras escribo esto, estoy «volando».

Cuando pones tu confianza en Jesucristo para quitar tus pecados, comienza un capítulo completamente nuevo en tu vida. Dejas el «aeropuerto», por así llamarlo, y comienzas una nueva aventura con Dios.

Y créeme, no es una aventura común.

Verifica el lugar de destino

¿Y ahora, hacia dónde vamos?

Ya lo he oído cientos de veces.

Si alguna vez has estado en un vuelo, no importa qué aerolínea o hacia dónde te dirijas, los primeros diez minutos son exactamente iguales. Estoy tan acostumbrado a oírlo que ya no le presto atención.

La asistente de vuelo hace la verificación del lugar de destino.

«Hola y bienvenidos al vuelo 478 de United Airlines con destino a Dallas. Por favor verifique su boleto y asegúrese de que está en el vuelo correcto».

[Aunque parezca increíble he visto a algunas personas tomar su equipaje y salir. ¡Guau, estaban en el vuelo equivocado!]

Luego, vienen las demostraciones de seguridad. Te muestran cómo usar el cinturón de seguridad, repiten las reglas (no fumar, no usar teléfonos celulares, permanecer sentados mientras la imágen del cinturón de seguridad esté iluminada, seguir todas las instrucciones de la tripulación) y te dan instrucciones básicas para encontrar las salidas de emergencia y usar las máscaras de oxígeno.

Finalmente, el capitán habla por el altavoz: «Hola, soy el capitán Jerry y quiero darles la bienvenida al vuelo 478 de United que sale de San Francisco con destino a Dallas. Saldremos dentro de unos 10 minutos y tendremos un tiempo de vuelo de, aproximadamente, 27 minutos. Aquí en San Francisco, el clima está bueno para el despegue, y en Dallas está soleado. La temperatura actual es de 87º F y hay un viento suave del sudoeste que sopla a ocho millas por hora. Esperamos llegar a tiempo a Dallas. Siéntese cómodamente, relájese y disfrute nuestro vuelo. Una vez más, gracias por volar con United Airlines».

La historia de Dave

Dave Lubben se crió en una buena familia cristiana, en un buen hogar ubicado en la parte buena de la ciudad. La vida era buena, pero en la secundaria, él quiso más. Abandonó la escuela a los 16 años para irse de viaje con una banda de rock y tomó decisiones que lo alejaron de Dios. «Sexo, droga y rock and roll. Eso era mi vida», dice Dave. Muchas veces escuché historias similares.

«Pero aunque me sentara en los clubes noche tras noche, me emborrachara y estuviera de juerga hasta las tres de la mañana, siempre me despertaba vacío».

Una mañana, mientras estaba en otra ciudad, con otra resaca, Dave llegó a la siguiente conclusión: «Tiene que haber algo más en la vida que esto». Comenzó a leer su Biblia en la ruta. Poco a poco, se fue convenciendo de que esa no era la vida que Dios había planeado para él. Renunció a la banda y regresó al hogar, en Dakota del Norte. Más aún, volvió al hogar para tener una relación personal con Cristo.

Dave «se embarcó» con el regalo de Dios de la vida eterna. Confió que Jesús le perdonaba su rebeldía. ¿Y ahora qué haría?

Siéntate cómodamente, relájate y disfruta del vuelo

Me gusta la analogía del avión porque tiene parecidos obvios. Dave «se embarcó» y tomó la vida nueva que Dios le regalaba. Nadie hubiera esperado que Dave ahora supiera volar el avión. Eso lo hace el capitán. Dave es el pasajero.

Se puede decir lo mismo de tu travesía espiritual. Te encuentras del lado de los que reciben. Cuando leas la Biblia, no podrás creer qué increíble es el regalo de Dios.

Un nuevo comienzo

Dave había cometido muchos errores. No solo había dejada a sus padres, su novia y la escuela, sino que también se había alejado de Dios.

Pero eso ya quedó todo en el pasado. Son noticias viejas.

Cuando confías en Jesucristo comienzas una vida completamente nueva. «*Por lo tanto, si alguno está en Cristo, es una nueva creación. ¡Lo viejo ha pasado, ha llegado ya lo nuevo! Todo esto proviene de Dios, quien por medio de Cristo nos reconcilió consigo mismo... no tomándole en cuenta (al hombre) sus pecados*» (2 Corintios 5:17-19)

Dios no se olvida de nada. Se acuerda de la rebeldía de Dave. Pero ahora él ya no exige que Dave pague el castigo. Jesús llevó la culpa y pagó todo el precio.

53

Algunas cosas no han cambiado. Dave era, y sigue siendo, un músico. Su personalidad es la misma. Su apariencia es la misma.

Pero Dave es totalmente diferente. La vieja forma de vivir se acabó. Ahora tiene una relación personal con su Creador. Dave vive su vida bajo la influencia de Jesucristo.

Dave aún peca. Todos los días comete errores. De vez en cuando he visto cómo su ego aflora. No siempre es paciente y amable, pero Dios lo está cambiando. Dave es una obra en construcción (una obra de Dios).

Dave está completamente perdonado. Es importante que entiendas lo que significa este cambio. Dios es paciente. Cuando confías en Jesucristo ya no tendrás miedo de que Dios te eche para siempre. Eres parte de su familia. Estás a salvo.

«Esto es lo que quiero que hagan con la ayuda de Dios: toma tu vida diaria común, tu levantarte, comer, ir a trabajar y caminar por la vida; y ponla ante Dios como ofrenda. Lo mejor que puedes hacer por Dios es aceptar lo que él hace por ti. No te adaptes tanto a tu cultura que encajes en ella sin siquiera pensarlo. Al contrario, fija tu atención en Dios. Te cambiará de adentro hacia fuera. Reconoce de buena gana lo que él quiere de ti y responde rápido. La cultura que te rodea siempre trata de tirarte hacia abajo a su nivel de inmadurez, pero Dios saca lo mejor de ti y desarrolla en ti una madurez bien formada». (Romanos 12:1-2; Paráfrasis)

La confianza

Las tragedias del 9/11 no se olvidarán pronto. He conocido a mucha gente que tiene miedo de volar por las imágenes arraigadas en sus mentes de terroristas y accidentes aéreos; sin mencionar otros titulares de fallas en el avión, errores de los pilotos y vidas perdidas.

Subir a un avión es un riesgo. Los seres humanos y las máquinas hechas por el hombre fallan.

¡Pero Jesucristo no!

Dios quiere que confíes en que él cumplirá su promesa de rescatarte, él *siempre* cumple sus promesas. Permíteme mostrarte una lista de algunas:

> «Mas a cuantos lo recibieron, a los que creen en su nombre, les dio el derecho de ser hijos de Dios».(Juan 1:12)

> «Porque tanto amó Dios al mundo, que dio a su Hijo unigénito, para que todo el que cree en él no se pierda, sino que tenga vida eterna». (Juan 3:16)

> «El que cree en él no es condenado, pero el que no cree ya está condenado por no haber creído en el nombre del Hijo unigénito de Dios». (Juan 3:18)

> «Ciertamente les aseguro que el que oye mi palabra y cree al que me envió, tiene vida eterna y no será juzgado, sino que ha pasado de la muerte a la vida». (Juan 5:24)

> «Yo les doy vida eterna, y nunca perecerán, ni nadie podrá arrebatármelas de la mano. Mi Padre, que me las ha dado, es más grande que todos; y de la mano del Padre nadie las puede arrebatar. El Padre y yo somos uno». (Juan 10:28-30)

> «Yo soy la resurrección y la vida. El que cree en mí vivirá, aunque muera; y todo el que vive y cree en mí no morirá jamás». (Juan 11:25-26)

«Y el testimonio es éste: que Dios nos ha dado vida eterna, y esa vida está en su Hijo. El que tiene al Hijo, tiene la vida; el que no tiene al Hijo de Dios, no tiene la vida. Les escribo estas cosas a ustedes que creen en el nombre del Hijo de Dios, para que sepan que tienen vida eterna». (1 Juan 5:11-13)

Confianza total. Dios quiere que sepas que cuando confías en que su Hijo te rescatará, él cumplirá su promesa. No te tienes que preocupar porque Dios se eche atrás en su palabra. No tienes que preocuparte de que el avión tenga un accidente.

Dios promete el regalo de la vida eterna. Así es la vida en relación con Dios hoy, mañana, cada día ... siempre.

Cuando Dave puso su confianza en Jesucristo, recibió el regalo de Dios. Punto.

El amor en medio del enredo

El avión ha despegado. Dave está experimentando una nueva vida en su vuelo con Dios. El pasado quedó atrás. Pero no los problemas.

Dave se reconcilió con su novia, Maggie. Se habían enamorado en el momento que se encontraron en un partido de jockey de secundaria. Dave vio a la porrista más bonita que había conocido en su vida, y tuvo que presentarse después del partido.

«Hola, soy Dave», dijo con confianza.

«Yo soy Maggie», respondió ella con timidez.

«Eres tan bonita que tengo que salir contigo», continuó Dave.

Simplificando la historia, comenzaron a salir juntos. Dave se fue, y cuando regresó, siguieron justo, donde se habían quedado.

Dave había aceptado el perdón de Jesús, pero no podía

mantener sus hormonas bajo control. A pesar de que él sabía que el sexo antes del matrimonio está en contra del plan de Dios, no pudo resistir la tentación.

Unas semanas antes de que Maggie partiera hacia Australia de viaje con las porristas, el test de embarazo dio positivo. En su último año de la secundaria, pronto Maggie y Dave serían padres.

¿Cómo reacciona Dios cuando sus hijos se rebelan? Lee Romanos 8 y encontrarás la respuesta de Dios:

«Por lo tanto, ya no hay ninguna condenación para los que están unidos a Cristo Jesús». (verso 1)

«¿Qué diremos frente a esto? Si Dios está de nuestra parte, ¿quién puede estar en contra nuestra? El que no escatimó ni a su propio Hijo, sino que lo entregó por todos nosotros, ¿cómo no habrá de darnos generosamente, junto con él, todas las cosas? ¿Quién acusará a los que Dios ha escogido? Dios es el que justifica». (versos 31-33)

«¿Quién nos apartará del amor de Cristo? ¿La tribulación, o la angustia, la persecución, el hambre, la indigencia, el peligro, o la violencia?» (verso 35)

«Sin embargo, en todo esto somos más que vencedores por medio de aquel que nos amó. Pues estoy convencido de que ni la muerte ni la vida, ni los ángeles ni los demonios, ni lo presente ni lo por venir, ni los poderes, ni lo alto ni lo profundo, ni cosa alguna en toda la creación, podrá apartarnos del amor que Dios nos ha manifestado en Cristo Jesús nuestro Señor». (versos 37-39)

Dios sabe que vamos a romper sus mandatos de vez en cuando (¡y a veces todos los días!), que vamos a elegir hacer las cosas a nuestro modo y no al de Dios. Por eso existe el perdón. Suficiente para perdonar las decisiones desobedientes de Dave. Suficiente para cubrir las tuyas.

Nada puede separarte del amor de Jesús. ¿Puedes llegar a perder el regalo de Dios, tu salvación, cuando pecas? No.

Dios te salvó. Ese fue un regalo. No te lo merecías ni te lo ganaste. No es un regalo que se quita.

¡Qué bueno! Entonces ¿puedo hacer lo que me plazca... ya que Dios es tan bueno?

¡No, ni soñando! Si bien Jesús te perdona y tienes la vida eterna, el vivir para ti mismo conlleva resultados desastrosos.

Mira lo que les pasó a Dave y Maggie.

Suelta los controles

De diplomas a pañales

59

Enamorados de la secundaria. Ahora padres casados.

Se casaron porque «había que hacer lo correcto». Maggie recibió su diploma de secundaria siendo una adolescente embarazada. A pocos meses de haber recibido su diploma, la alarma que la despertaba a la mañana eran los gritos de un recién nacido.

Amor. Por esa razón Dave y Maggie llegaron a estar juntos. *Discusiones.* Por ese motivo se alejaron.

Al mirar hacia atrás, ambos se dieron cuenta que eran demasiado jóvenes para entender en realidad las implicaciones de su desobediencia.

El pecado destruye. Si bien no puede afectar tu relación con Dios, porque él te ama demasiado, sí puede destruir la calidad de tu viaje.

En el capítulo 3 vimos lo que dice Efesios 2:8-9:

«Porque por gracia ustedes han sido salvados mediante la fe; esto no procede de ustedes, sino que es el regalo de Dios, no por obras, para que nadie se jacte».

La gracia de Dios rescató tanto a Dave como a Maggie de la muerte eterna espiritual. Pero mira la intención de Dios en el verso 10:

«Porque somos hechura de Dios, creados en Cristo Jesús para buenas obras, las cuales Dios dispuso de antemano a fin de que las pongamos en práctica».

¿Fue la intención de Dios que Maggie quedara embarazada de Dave, fuera del matrimonio? ¡No! Dios tiene «buenas obras» preparadas para aquellos a quienes rescata. Dios ha preparado un plan para cada uno de sus hijos. Y su plan no se contradice con sus mandatos claros en la Biblia. Este es bastante claro:

«La voluntad de Dios es que sean santificados; que se aparten de la inmoralidad sexual; que cada uno aprenda a controlar su propio cuerpo de una manera santa y honrosa, sin dejarse llevar por los malos deseos como hacen los paganos, que no conocen a Dios».
(1 Tesalonicenses 4:3-5)

A los seis meses de haberse casado, Maggie ya tenía los papeles de divorcio. No quería aguantar el estilo de vida egoísta de Dave. Y Dave quería su libertad. Ya no se llevaban bien. No resultaba. Ambos estaban acabados.

Tuvieron la sabiduría de consultar con el pastor de la iglesia a la que habían estado asistiendo. El pastor les dijo: «las estadísticas muestran que uno de cada dos matrimonios normales terminan en divorcio. Y el matrimonio de ustedes no es normal. El tener un hijo antes del matrimonio aumenta las posibilidades de divorcio. Tienen que entender esto. ¡El matrimonio de ustedes no tiene esperanza!»

Este no era el consejo que esperaban. Dave y Maggie pensaron que les daría aliento o algún plan rápido para arreglarlo todo. En lugar de eso, el pastor confirmó su sospecha de que este matrimonio estaba acabado.

«Pero tienen que entender una cosa. Ustedes dos son seguidores de Jesucristo, y Dios odia el divorcio. Así que tienen que entenderlo muy bien: ¡El divorcio no es una opción! Si vienen a Dios y le dan el control de su matrimonio, él lo salvará».

Allí mismo, en la oficina del pastor, Dave y Maggie oraron. «Dios, toma el control de nuestro matrimonio. Te lo entregamos».

Fuera de la cabina

Había un adhesivo barato para poner en el parachoques del auto que dice: «Dios es mi copiloto». Yo no soy muy fanático de esos adhesivos, pero este en particular no tenía sentido para mí. Creo que si Dios está en el auto, ¿por qué estás tú en el asiento del conductor?

¿Piensas que verdaderamente puedes manejar mejor que Dios? Sé lo que pretende decir ese adhesivo, que Dios está conmigo a donde quiera que vaya. Pero muestra lo errado que puede estar nuestro pensamiento.

Dios no es «co» de nadie. Él es el Jefe. El Líder. Él es Dios, quien conoce todo antes de que suceda y tiene el poder para cambiarlo.

El viaje que estás haciendo, con frecuencia te llevará a renunciar a cosas. A menudo mis pasiones y deseos están lejos del designio de Dios. Ahora que he sido rescatado, el objetivo de mi vida debería ser seguir a Dios a su manera y no a la mía.

«¿Qué concluiremos? ¿Que vamos a persistir en el pecado, para que la gracia abunde? ¡De ninguna manera! Nosotros, que hemos muerto al pecado, ¿cómo podemos seguir viviendo en él?» (Romanos 6:1-2; el énfasis es mío)

Dios rompió la atadura del pecado en nuestras vidas. Antes de confiar en Jesucristo, no podíamos evitar vivir en rebeldía. Ahora que hemos sido liberados y recibido una nueva vida, nuestro mayor deseo tiene que ser vivir de la forma que agrade a Dios.

Gratitud infinita

¿Para qué me voy a preocupar? Si sé que me voy a equivocar, ¿de qué sirve intentar?

Permíteme que avance rápido en la historia de Maggie y Dave. Se fueron de la oficina del pastor y decidieron permitir que Dios mandara en su matrimonio. No iban a seguir sus propios deseos (de no volver a verse más), sino que iban a seguir los mandamientos de Dios (de amarse y respetarse mutuamente).

Resultó. Dios comenzó a cambiar sus corazones. No fue fácil, pero hablaron de sus diferencias en lugar de pelear. Cuando lo más fácil era irse, se mantuvieron lo suficientemente juntos para arreglar las cosas.

Dios fue puesto en medio de cada decisión importante. «Dejaron la cabina» y le devolvieron el control del avión a Dios.

Dave y Maggie acaban de celebrar su décimo aniversario. Como dulce ironía, renovaron sus votos en una playa en Australia. Diez años antes Maggie no había podido llegar a la competencia australiana de porristas por su embarazo. Pagó el precio de su pecado con la decepción. Pero por el favor especial de Dios y su misericordia, tuvieron una segunda oportunidad. Tienen cuatro hermosos hijos, dos perros, una casa con granero ... ¡hasta un pony! Es más que el sueño americano. Están locamente enamorados, porque permitieron que Dios fuera el Piloto.

Ponte a cuentas

El título del primer CD de Dave, «*Un lugar llamado entrega*», muestra la realidad del trabajo de Dios en su vida y matrimonio. La letra de «Ríndela» lo dice mejor:

    Aquí está mi vida, te la entrego
    Aquí está mi vida, te la entrego, me entrego a ti
    Me rindo todo a ti, rindo todo a ti
    Rindo todo a ti
    Cedo y te lo entrego a ti

    Son palabras simples que parecen muy difíciles de vivir. Algo adentro de mí, de todos nosotros, nos lleva a tomar el control y hacer las cosas a nuestro modo. Confiamos que Dios nos rescata de la muerte, pero tontamente, no confiamos en él lo suficiente para entregarle las situaciones de todos los días.

        «Ahora bien, si hemos muerto con Cristo, confiamos que también viviremos con él. Pues sabemos que Cristo, por haber sido levantado de entre los muertos, ya no puede volver a morir; la muerte ya no tiene dominio sobre él. En cuanto a su muerte, murió al pecado una vez y para siempre; en cuanto a su vida, vive para Dios». (Romanos 6:8-10)

    ¿Puedes predecir el futuro? Si eres un seguidor de Jesucristo, en un sentido la respuesta sería sí. ¡Viviremos con Jesucristo para siempre! Está garantizado. «si morimos con Cristo ... viviremos también con él».

Jesús dijo:

«Si obedecen mis mandamientos, permanecerán en mi amor, así como yo he obedecido los mandamientos de mi Padre y permanezco en su amor. Les he dicho esto para que tengan mi alegría y así su alegría sea completa». (Juan 15:10-11)

«No hago nada por mi propia cuenta, sino que hablo conforme a lo que el Padre me ha enseñado. El que me envió está conmigo; no me ha dejado solo, porque siempre hago lo que le agrada». (Juan 8:28-29)

Jesús, que vino a la tierra como Dios en carne humana, siempre hizo lo correcto. Vivió para agradar a su Padre celestial. El Padre no lo había dejado solo. *Relación*.

¿Por qué entregar tus propios deseos por los de Dios? *Relación*.

Dave y Maggie, por un tiempo, se veían como enemigos y no como un matrimonio que se ama. Dios entró y les mostró su amor. La relación de Dios con ellos individualmente cambió su relación como pareja. Reavivó la llama del amor en sus propios corazones y en su matrimonio. Son completamente diferentes por su relación con Jesucristo.

Nuestra motivación para seguir a Jesucristo no debería ser la obligación: «¡Oh, ahora tengo que hacer esto y no puedo hacer aquello! No se trata de eso. Se trata de amor y aprecio. Cuando te das cuenta de lo mucho que Dios te ama y de lo que ha hecho para rescatarte, te debería estimular a servirle.

«Queridos hermanos, ¡nosotros ya somos hijos de Dios! Y aunque todavía no sabemos cómo seremos en el futuro, sí sabemos que cuando Jesucristo aparezca otra vez nos pareceremos a él, porque lo veremos como él es en realidad. Todo el que espera confiadamente que todo esto suceda, se esfuerza por ser bueno, como lo es Jesús». (1 Juan 3:2-3)

Considera esta verdad cuidadosamente. En este mismo momento somos hijos de Dios. Nos acepta en su familia en el momento que confiamos en que Jesucristo nos rescata. ¿El futuro? No estamos cien por ciento seguros de todos los detalles, pero esto es lo que sabemos: un día estaremos con Jesús y seremos como él. En su presencia seremos como Jesús.

Hasta ese momento seguiré fallando. No soy perfecto como Jesús. Entonces, ¿qué hago? Como sé que Jesús controla mi futuro eterno, trataré con todas mis fuerzas de vivir «con la pureza resplandeciente de Jesús».

¿De la noche a la mañana o con el tiempo?

He conocido más seguidores de Jesucristo desanimados de lo que te puedes imaginar. En Estados Unidos especialmente, queremos las cosas *ahora*. ¡Nos enojamos cuando el restaurante de comida rápida no es lo suficientemente rápido! Incluso con los microondas y los mensajes instantáneos, las cosas son demasiado lentas para nosotros.

Eso puede llegar a ser un verdadero freno en tu vida espiritual. ¡Modelar tu vida según la de Jesús no sucede de la noche a la mañana! Hay altibajos. Hay épocas en que tu crecimiento parece ir en rápido avance. Y hay días, y semanas, que pareces vivir en cámara lenta, o peor aún, en reversa.

Mi hermano Rafael hacía pocos meses que había comenzado a seguir a Jesús cuando se apoderó de él la frustración. Después de haber consumido drogas y alcohol por años, sintió la dolorosa y fuerte tentación de volver a hacerlo.

Sabía que estaba mal volver a la vieja forma de vida. Sentado en una cafetería de Nueva Jersey, con la cabeza entre sus manos, Rafael admitió que en más de una ocasión había caído.

No es el único. Cualquiera que haya intentado seguir a Jesús puede sentirse identificado con la experiencia de Rafael. Yo mismo me siento así. Mientras manejaba de ida y vuelta al trabajo Rafael clamaba a Dios pidiéndole ayuda. Pero no parecía haber cambios.

No me avergüenza decir que a pesar de que estoy sirviendo al Señor de la manera que lo hago, yo también tengo luchas. Soy hombre. Todos los hombres luchan contra los pensamientos de lujuria. Puedo llegar a ser terriblemente grosero y egoísta, y tengo una boca que frecuentemente habla más rápido de lo que pienso (la llamo la enfermedad de la boca grande).

A veces, cuando pienso en todo lo que he hecho y pensado, me pregunto por qué todavía Jesús me ama. Sentirme fracasado es parte del camino al seguir a Jesús. Cuando sé que he fallado, otra vez, me recuerdo a mí mismo otra de las fantásticas promesas de Dios:

> «Si decimos que no cometemos pecado, nos engañamos a nosotros mismos y no hay verdad en nosotros. Pero si confesamos a Dios nuestros pecados, podemos estar seguros de que él, que es absolutamente fiel y justo, nos los perdonará y nos limpiará de toda maldad». (1 Juan 1:8-9)

En una reunión de hombres en la iglesia, Rafael escuchó a un predicador que invitó a la gente a tomarse un momento con Dios, ponerse a cuentas con él y confiar que Dios haría una obra en ellos.

Como Rafael sabía que era su momento con Dios, caminó hacia el frente de la habitación para orar. Tuvo una experiencia única. No esperaba que sucediera, pero fue como si alguien hubiera roto la represa de su corazón, donde retenía todo el dolor y la culpa de años de vivir en rebeldía.

Rafael clamó pidiendo la misericordia de Dios y se entregó. Meses antes, Jesús lo había salvado. Pero ese día él le permitió a Jesús tomar los controles y pilotear con rumbo a la seguridad y la victoria. Desde ese momento se le fueron los deseos de drogas y alcohol.

Fue un momento decisivo en la vida de Rafael. Dios mostró que todavía rescata las vidas arruinadas y elige cambiar a los que entreguen sus vidas a él.

Cuidado. Al relatar experiencias como esta se puede caer en malos entendidos. Dios obra de manera única en cada persona. Mi experiencia nunca será como la tuya. Para algunos, lleva años erradicar las adicciones. Para otros, como Rafael, la victoria es instantánea.

Pero la historia de Rafael debe dejar una cosa bien clara: Dios obra en cada una de nuestras luchas cuando le entregamos nuestro orgullo y le rendimos esa área a él. Los milagros como los matrimonios restaurados y la erradicación de las adicciones pueden suceder, y suceden.

Dios es el Piloto por excelencia. Él sabe dónde estás y te puede ayudar a llegar adonde tienes que estar.

¿Y tú? No tienes que tener una relación deteriorada ni una vida de adicción para necesitar la intervención de Dios. Dondequiera que te encuentres, estás en un gran lugar para hacer una pausa y experimentar la realidad de la presencia de Dios. No tienes que «sentir» algo para saber que Dios está trabajando en tu vida. Puede que no veas resultados inmediatos. Pero Dios te ve... y está obrando en ti. Si le entregas los controles te sorprenderá ver lo buen Piloto que es Dios.

¿Por qué no hacer de la canción de Dave tu oración?

Aquí está mi vida, te la entrego
Aquí está mi vida, te la entrego, me entrego a ti
Me rindo todo a ti, rindo todo a ti
Rindo todo a ti
Cedo y te lo entrego a ti.

¿Qué necesitas dejar en las manos de Dios?

_____
_____
_____
_____
_____
_____
_____
_____
_____
_____

Escribe tu propia oración. ¡Sé sincero con Dios! No necesitas decir las cosas de forma especial. Pídele a Dios que te ayude a entregarle lo que necesitas.

_____
_____
_____
_____
_____
_____
_____
_____
_____
_____
_____
_____
_____

El plan de vuelo

Mantén la calma

El 5 de abril de 1999 fue el día que casi me fui al cielo.

Viajaba desde Boston a la Isla Preque, en Maine, en un pequeño avión regional. Mientras leía mi Biblia en el vuelo de una hora, no tenía la menor idea de lo que estaba por suceder.

La azafata salió de la cabina pálida como un fantasma. Viajo lo suficiente como para saber que no es una buena señal cuando la azafata entra en pánico.

El capitán anunció: «Damas y caballeros, estamos teniendo algunas dificultades en la cabina. Hemos notificado al Control de Tráfico y vamos a hacer un aterrizaje de emergencia en Portland, Maine. Por favor, mantengan la calma y escuchen las instrucciones que les dará la azafata».

Sí, no se asusten. Buen consejo cuando viene de alguien que dice que vamos a hacer un aterrizaje de emergencia. Si hay un buen momento para entrar en pánico, ¡este era ese momento!

Mientras el capitán estaba hablando, yo estaba leyendo estas palabras de Jesús: «*La paz les dejo; mi paz les doy. Yo no se la doy a ustedes como la da el mundo. No se angustien ni se acobarden*». (Juan 14:27).

¡Casi me reí en voz alta! Jesús les había dicho estas palabras a sus seguidores hace casi 2,000 años, la noche antes de su muerte, y me encontré con ellas en el momento justo. «No se acobarden». Yo no conocía al capitán, por lo tanto su frase «mantengan la calma» no me ayudó mucho. Pero las palabras de Jesucristo calmaron mi alma, incluso mientras el avión bajaba velozmente.

La tarjeta para la salida de emergencia

70

Pronto la azafata me pidió que me cambiara a un asiento en la fila cerca de la salida de emergencia. «¡Por favor lea esta tarjeta y siga mis instrucciones!», me dijo.

Ya había visto esa tarjeta. Hay una en el bolsillo del frente de cada asiento en todos los aviones. Es la tarjeta que indica «qué hacer cuando hay problemas». Escrita por las personas que hacen y vuelan aviones, esta tarjeta es tu guía en caso que suceda lo peor. Ya le había dado una mirada. Pero ahora mis ojos estaban fijos en ella.

Gracias a Dios, después de haber tomado todas las precauciones y habernos preparado para un choque, aterrizamos a salvo en Maine y salimos del avión ilesos. Todavía tengo la tarjeta para la salida de emergencia de ese vuelo, para recordar cómo estar listo para la próxima.

Instrucciones básicas antes de abandonar la tierra

Uno de mis recuerdos más claros de la niñez, es la imagen de mi mamá sentada a la mesa de la cocina, leyendo la

Biblia y escribiendo notas en su diario. Mientras sus hijos jugaban en el patio trasero, ella se sentaba allí, día tras día, a leer la Biblia con su diario en la mano.

Aún hoy, cuando paso por allí de visita, mi mamá está sentada en un rincón, con su Biblia abierta.

Le estoy agradecido por el ejemplo. Cuanto más la leo y la estudio, la Biblia se hace más valiosa para mí. Es más que un libro; contiene un mensaje personal de Dios para ti y para mí.

No quiero asumir que creas que la Biblia es realmente verdadera. Yo si lo creo. Creo que cada palabra en ella no solo es verdad, sino también útil para la vida de hoy. Pero si tienes dudas o preguntas, no estás solo. Te animo a leer algunos de los libros que puse en la lista al final de la sección titulada «Lecturas recomendadas».

La confiabilidad de la Biblia es un asunto importante, pero en este capítulo me quiero enfocar en qué es la Biblia en sí misma. El apóstol Pablo escribió: «*Toda la Escritura es inspirada por Dios y es útil para la enseñanza, para la represión, para la corrección, para la instrucción en justicia*» (2 Timoteo 3:16).

Esa es la afirmación más clara en la Biblia acerca de su propósito. La palabra «inspirada por Dios» y «útil» marcan el tono. La Biblia es el libro de Dios. Él obró por medio de muchos escritores a lo largo de cientos de años, para revelar su plan y que ellos lo escribieran. «*Y hay que tener muy en cuenta, antes que nada, que ninguna profecía de la Escritura es de interpretación privada; porque jamás fue traída la profecía por voluntad humana; al contrario, los hombres hablaron de parte de Dios siendo inspirados por el Espíritu Santo*» (2 Pedro 1:20-22). Sí, Dios usó el estilo individual de cada escritor. Pero el contenido y el resultado final fueron orquestados por Dios.

«Útil». La Biblia no es un libro desactualizado. Por un lado, Dios nunca cambia. «*De hecho, todo lo que se escribió en el pasado se escribió para enseñarnos, a fin de que, alenta-*

dos por las Escrituras, perseveremos en mantener nuestra esperanza» (Romanos 15:4).

El objetivo de leer la Biblia es más que obtener información; el objetivo es profundizar tu relación con Dios. A medida que descubres quién es él y cómo obra, debes preguntarte «¿Cómo viviré de forma diferente?» Dios no esperaba que, de forma sobrenatural, nosotros nos diéramos cuenta de quién es él. Desde el primer día ha estado involucrado con personas. Lee tu Biblia y aprenderás cómo ser un mejor seguidor de Jesús.

Dios sabe que necesitamos instrucciones claras para vivir cada día. La Biblia contiene Instrucciones Básicas para usar Antes de Abandonar la Tierra (**BIBLE** en inglés, son las siglas de **B**asic **I**nstructions **B**efore **L**eaving **E**arth).

Un vistazo general

Quizás te ayude esta ilustración. En un avión, los pilotos tienen instrumentos que les pueden decir con exactitud dónde están y hacia dónde van. Tienen mucha más información de la que tú puedes tener como simple pasajero en tu asiento.

En muchos vuelos internacionales, hay pantallas de televisión que muestran un mapa del mundo y señalan el curso que el avión está tomando. En el mapa puedes ver de dónde salió el avión, dónde se encuentra en ese momento, y hacia dónde va.

De forma similar, eso es lo que la Biblia hace. No tenemos toda la información. Dios sabe mucho más que nosotros ... ¡y siempre será así! Pero él nos ha dado suficiente información para que veamos a dónde ha llegado la gente y dónde estamos ahora en nuestra relación con él, y así nos lleva en la dirección correcta.

Algunos pensamientos sobre la Biblia como un todo:

Es la historia de Dios. Las primeras palabras de Génesis son «En el principio Dios...» Las palabras finales de la Biblia, en Apocalipsis, nos presentan un cuadro de la vida después de esta tierra, del cielo y la eternidad. Dios está en el principio; Dios está en el final. ¿De qué manera llegamos a saber cómo es Dios? Puedes ver la evidencia de su obra en las vidas de las personas, pero la imagen más clara de las acciones y el carácter de Dios se encuentran en las páginas de la Biblia.

Pensamientos sobre la Biblia como un todo

Es un libro acerca de nosotros. Hay muchísima historia en la Biblia, pero no es en realidad un libro de historia. La Biblia muestra la aparición y la caída de la raza humana. Nos cuenta cómo fuimos creados para conocer a Dios de forma personal. Nos rebelamos contra su plan. Y Dios hizo todo lo posible para restaurar la relación. Al leer la Biblia encontrarás gente igual que tú.

Es nuestro alimento espiritual. Sin comida nos morimos. Nuestra caminata espiritual requiere «comida» para mantenernos fuertes. Jesús dijo: «*No solo de pan vive el hombre, sino de toda palabra que sale de la boca de Dios*» (Mateo 4:4). Dios habla cuando leemos, entendemos y aplicamos lo que él ha dicho, y nutrimos nuestra vida espiritual.

Se centra en Jesús. Él es el actor principal en el drama. La primera mitad prepara la escena para la llegada de Jesús, y la segunda mitad nos muestra quién es él y cómo impacta el resto de la historia humana. Si lees toda la Biblia y no entiendes quién es Jesucristo, ¡no has entendido nada!

Disposición básica

La Biblia contiene 66 libros. Estos libros no son independientes o desvinculados entre sí. Fueron escritos por unos

40 autores durante un período de más de 1.500 años, sin embargo, armonizan unos con otros. La Biblia se divide en dos grandes secciones, el Antiguo Testamento (Génesis hasta Malaquías) y el Nuevo Testamento (Mateo hasta Apocalipsis). El Antiguo describe la vida antes del nacimiento de Jesús. El Nuevo describe la vida desde que Jesús viene a la tierra y hace su obra. Trae luz en cuanto a quién es Jesús y cómo seguirlo.

En el Antiguo Testamento la escena está preparada para la llegada del Mesías, el Salvador prometido por Dios. Los primeros cuatro libros del Nuevo Testamento nos presentan a Jesucristo, el nombre del Mesías. Estos cuatro libros, Mateo, Marcos, Lucas y Juan, describen a la misma persona desde su propia perspectiva. El quinto libro, los Hechos de los Apóstoles, describe cómo las Buenas Noticias de Jesús se propagaron «*en Jerusalén como en toda Judea y Samaria, y hasta los confines de la tierra*» *(Hechos 1:8)* en los años después de la muerte y resurrección de Jesús.

Después de Hechos vienen una serie de cartas escritas a distintas personas e iglesias (Romanos a Judas), que tratan asuntos específicos de cómo vivir una vida centrada en Jesús. Finalmente la Biblia cierra con Apocalipsis. Juan, uno de los seguidores más cercanos de Jesús, recibió una revelación de cómo la historia del mundo llegaría a un clímax. Hay descripciones gráficas del cielo y una pantalla gigantesca de los sucesos del fin de los tiempos.

Es muy grande. ¿Dónde comienzo?

El mejor lugar para comenzar a leer la Biblia es en el Nuevo Testamento. Como la Biblia gira en derredor de Jesús, entender quién es él te ayudará a que todo el resto de la Biblia tenga sentido.

Si nunca has leído la Biblia, te recomiendo que te enfoques en el Evangelio de Juan. Fue escrito específicamente para ayudarte a creer: «*Jesús hizo muchas otras señales milagrosas en presencia de sus discípulos, las cuales no están registradas en este libro. Pero éstas se han escrito para que ustedes crean que Jesús es el Cristo, el Hijo de Dios, y para que al creer en su nombre tengan vida*» *(Juan 20:30-31)*.

Después de haber leído completo el libro de Juan algunas veces, lee los otros Evangelios, Mateo, Marcos y Lucas, para entender mejor quién es Jesús. Entonces, te recomiendo que leas el resto del Nuevo Testamento, comenzando con Hechos y terminando con Apocalipsis. A pesar de que los libros no están ordenados cronológicamente, leer todo el Nuevo Testamento ampliará tus horizontes en cuanto a cómo seguir a Jesús día a día.

¿Cómo la entiendo?

Leer la Biblia no es como leer una novela. Recuerda que la Biblia es la serie de instrucciones de Dios para nosotros. Como la Biblia fue escrita hace miles de años, originalmente para personas con culturas y costumbres diferentes de las nuestras, necesitamos leerla con cuidado para entender su significado completo.

Quiero alentarte si quieres ser un seguidor de Jesús. «*Esfuérzate por presentarte a Dios aprobado, como obrero que no tiene de qué avergonzarse y que interpreta rectamente la palabra de verdad*» *(2 Timoteo 2:15)*.

Puede sonar a que te quiero espantar para que no leas la Biblia, suponiendo que podrías confundir lo que dice. ¡No, para nada! Estoy tratando de animarte a leer la Biblia una y otra vez, porque cuanto más lees y estudias la Biblia, más claro se hace su significado.

Te presento algunas ayudas para sacar el mayor provecho de tu lectura de la Biblia:

Léela lentamente. No hay nada especialmente espiritual en leer mucho de una sola vez. El objetivo es entender y aplicar lo que Dios dice, no hacer una lectura veloz.

Haz preguntas. No entiendo todo en la Biblia. Tampoco tú. Cuando te encuentras con algo que parece confuso, escribe tu pregunta. Hay libros de estudios bíblicos que te pueden ayudar, o le puedes preguntar a tu pastor o a un maestro de la Biblia en la iglesia.

Estudia bien. El objetivo es aplicar lo que has aprendido a la vida diaria. Pero ese es el último paso en la lectura de la Biblia. Cuando leas la Biblia hazte estas cuatro preguntas clave:

¿Qué dice el pasaje? Una buena traducción de la Biblia te ayudará. Puede que quieras leer lo que viene antes y después de un cierto versículo o pasaje para asegurarte que entiendes lo que el escritor estaba tratando de comunicar. Por ejemplo, Juan 11:35 dice: «Jesús lloró». ¿Quiere esto decir que Jesús era demasiado emotivo y que las lágrimas son la señal de un buen cristiano? Por supuesto que no. Lee el contexto en Juan 11:1-34. Verás que el amigo de Jesús, Lázaro, había muerto. Jesús estaba conmovido por la muerte de su amigo.

Estudia bien

¿Qué significaba este pasaje para los lectores originales? Esto puede necesitar un poco de trabajo extra. Si conoces un poco del idioma, la cultura o las costumbres de la época te ayudará a alcanzar una mejor comprensión de cómo lo habrán entendido los que primero lo escucharon. Te recomiendo que uses una Biblia de estudio. Las notas de los respetados maestros de la Biblia te brindarán ayuda.

¿Qué significa el pasaje hoy en día? ¿Si Jesús estuviera hablando del campo, habría un principio para tu vida como estudiante? La Biblia es más que un libro de historia. Las

historias de triunfo y derrota, obediencia y error, son para que aprendas y las apliques.

¿Cómo voy a vivir de forma diferente? ¿Qué has aprendido de Dios que se aplique a tu relación con él? Este es el factor «¿y entonces?» Es una gran cosa saber lo que la Biblia dice y significa. Sin embargo, tienes que recordar que el objetivo es la transformación personal a través de conocer y amar a Dios. Dios nos muestra quién es y cómo obra, para que nuestra relación con él sea más estrecha aún.

Tu Biblia contiene instrucciones básicas para usar antes de abandonar la tierra. Dios ha escrito su plan para que tú y yo podamos seguirlo. Pero eso no es todo. Dios envió una guía personal para ayudarte a vivir lo que crees, el Espíritu Santo prometido.

77

Suficiente combustible para llegar a tu destino

Verifica el indicador de combustible

A los pocos meses de comenzar su relación con Jesucristo, Rafael necesitaba fuerza espiritual. No podía resistir la tentación solo. Y Dios proveyó.

¿Cómo? Cumpliendo su promesa. Jesús les dijo a sus seguidores:

> «Si ustedes me aman, obedecerán mis mandamientos. Y yo le pediré al Padre, y él les dará otro Consolador para que los acompañe siempre: el Espíritu de verdad, a quien el mundo no puede aceptar porque no lo ve ni lo conoce. Pero ustedes sí lo conocen, porque vive con ustedes y estará en ustedes» (Juan 14:15-17).

Seguir a Jesús es imposible ... por nuestra cuenta. Estoy muy contento de que Rafael tuviera la experiencia de que «solo no se puede» tan temprano en su vida cristiana. Dios nos ha dejado su palabra, la Biblia, para que nos sirva de dirección en el diario vivir.

Pero un manual, solo nos llevará al fracaso. Cuanto más aprendemos del plan de Dios, más nos damos cuenta que no podemos seguirlo. Puede que agradar a Dios por nuestras propias fuerzas nos dé resultados por un tiempo, hasta que nos desgastemos.

Yo he sufrido el desgaste. En mi temprana adolescencia supe que Dios quería que le sirviera llevando a otros las buenas noticias acerca de Jesucristo. Después de terminar mi entrenamiento bíblico, de joven, me uní a una gran organización que trabaja con las iglesias para anunciar a Jesús en las ciudades de Estados Unidos y el mundo. La Asociación Evangelística Luis Palau nos llevó a mi esposa y a mí al este de Texas para ayudar a organizar una serie de actividades de alcance evangélico. Fue fantástico. Trabajo duro, pero fantástico.

Era un sueño hecho realidad, trabajar con un líder devoto y experimentado como Luis Palau. Acababa de salir de la universidad, estaba casado y haciendo lo que había soñado. ¿Qué más podía pedir?

Al año siguiente nos fuimos a vivir a Chicago para unirnos a un equipo que estaba planeando una gigantesca campaña de alcance evangélico que abarcaba la tercera ciudad más grande de los Estados Unidos. Había unos 75 acontecimientos que se llevarían a cabo en 60 días. Llegamos seis meses antes de que las actividades comenzaran. ¡Nunca había trabajado tan duro en mi vida! Mi esposa y yo trabajábamos seis o siete días a la semana, a veces entre 10 y 12 horas por día.

Las únicas vacaciones que recuerdo fueron un breve viaje a Puerto Rico para visitar a los padres de Carmen.

Y tuve que acortar el viaje para volver a las reuniones en Chicago. Se resintió mi tiempo a solas con el Señor. Ese año no oré mucho. Solo trataba de mantenerme a flote. Decayó mi lectura bíblica. Siempre había alguna fecha más para tener algo terminado. No nos pudimos unir a ninguna iglesia local porque cada domingo hablaba en un lugar diferente. Nos sentimos solos, incluso en medio de una multitud.

Esta es la parte extraña. Por años, yo había orado para que Dios abriera una puerta para alcanzar a la gente con sus Buenas Noticias. Había orado para que Dios me usara. Ahora estaba siendo usado ... y no lo soportaba. Me daba cuenta de que me estaba volviendo cínico. Sin embargo, Dios nos bendecía de muchas maneras. Por fuera, las cosas se veían bien. Pero por dentro, mi alma estaba secándose como una ciruela.

Lo más extraño

Había días buenos, cuando volvía a casa pensando que eso era lo que quería hacer por el resto de mi vida. Pero la mayoría de las noches, me metía en la cama deseando que Dios me sacara de este desastre. No tenía la fuerza para seguir haciendo esto. Me había quedado sin combustible.

Miles de personas llegaron a Cristo durante la campaña de Chicago. Cuando terminó, me acuerdo haberme sentado con Carmen, en nuestro pequeño departamento de Chicago, y sentirnos completamente desgastados. No me entiendas mal, no estaba renunciando a la fe. Simplemente no quería servir a Dios de esta manera. Te recuerdo que había soñado con una oportunidad de esta clase desde que era adolescente. Pero ahora, la realidad me había golpeado. No estaba a la altura de la situación.

Ya sea que se trate de una tentación que se nos presenta o algo específico que queremos alcanzar para Dios, el desgaste es un peligro real. Por eso Jesús se preparó.

Contigo y dentro de ti

Jesús estaba a punto de morir en la cruz para pagar el castigo por nuestros pecados cuando reunió a sus seguidores más cercanos. Quería preparar a estos hombres para los años futuros. Dios pronto los usaría para divulgar su mensaje. Y entonces Jesús dijo: «*Si ustedes me aman, obedecerán mis mandamientos*» *(Juan 14:15).*

La salvación y la libertad espiritual son un regalo. No nos ganamos nuestra relación con Dios. Sino que el corazón de un verdadero seguidor se manifiesta por la obediencia sincera en amor.

Jesús dijo que el Padre enviaría a alguien para estar con nosotros, descrito como el Espíritu de la verdad. El Espíritu Santo no es una fuerza. Es una persona. Es Dios. Dios el Padre envió a Dios el Hijo a pagar por nuestras deudas y pecados. Jesús se levantó y fue para quedarse con el Padre en el cielo. El Padre nos ha dado ahora su Espíritu para fortalecernos para que así podamos vivir la vida que él planeó.

¡Qué regalo! Dios sabía que la única forma en que podíamos llegar a conocer su voluntad era que él nos la revelara. Por eso tenemos el Espíritu Santo y la Biblia. Al leer la Biblia y escuchar la voz del Espíritu Santo, me doy cuenta de lo que Dios quiere de mí y cómo quiere que viva. Pero Dios no se detuvo allí. Él prometió estar con nosotros y en nosotros.

La pura verdad

Si hay una persona a quien no le puedes mentir, ese es Dios. Inténtalo. No funciona. Él lo sabe todo. Conoce cada parte de ti. Puedes correr ... pero no te puedes esconder.

Ese hecho en cuanto a Dios (que él es Dios de verdad) está a contramano de nuestra cultura que rechaza los patrones objetivos de la verdad, que cree que esta es subjetiva, que dice que la verdad depende de la situación. «Eso podrá ser verdad para ti, pero no para mí». El resultado: todo vale.

Yo entiendo por qué ese es un concepto atractivo. Hace que cada persona sea el centro de lo que está bien y lo que está mal. Puedes hacer lo que quieras y no tienes que rendir cuentas a nadie. Después de todo «es verdad para mí».

Afortunadamente, la verdad es más que un concepto filosófico. La Biblia enseña que la verdad está envuelta en una persona, Jesucristo. Jesús dijo una vez de sí mismo *«Yo soy el camino, la verdad y la vida —le contestó Jesús—. Nadie llega al Padre sino por mí»* (Juan 14:6).

Jesús siempre tiene razón. Como resultado, puedes confiar en su liderazgo. Y por el Espíritu Santo, tú puedes conocer la verdad por ti mismo. Jesús dijo: *«Todo esto lo digo ahora que estoy con ustedes. Pero el Consolador, el Espíritu Santo, a quien el Padre enviará en mi nombre, les enseñará todas las cosas y les hará recordar todo lo que les he dicho»* (Juan 14:25-26).

Jamás he visto a Jesús. Pero he experimentado la presencia de Dios en una forma real porque Dios vive en mí (y en todos los que siguen a Jesús) por medio del Espíritu Santo. Suena misterioso, pero es hermoso. Puedo conocer el plan de Dios para mi vida. ¿Por qué? Porque Jesús quitó mi deuda y mi pecado, y me ha dado su Espíritu Santo para guiarme en todas las esferas de la verdad.

El poder para confiar

¿Y, cómo recibes el Espíritu Santo? Recibes el Espíritu Santo en el momento que confías en Jesucristo para que te rescate y te guíe.

«En él también ustedes, cuando oyeron el mensaje de la verdad, el evangelio que les trajo la salvación, y lo creyeron, fueron marcados con el sello que es el Espíritu Santo prometido. Éste garantiza nuestra herencia hasta que llegue la redención final del pueblo adquirido por Dios, para alabanza de su gloria» (Efesios 1:13-14).

Cuando oíste las buenas noticias y creíste, Dios te aceptó como parte de su familia y te prometió la vida eterna. El Espíritu Santo «sella» el trato. Es como un depósito, un adelanto. Algún día estarás con Dios en el cielo. Luego, y solo luego, obtendrás el beneficio completo de la vida eterna con Dios. Sin embargo, como recibiste el Espíritu Santo cuando creíste, tienes a Dios obrando, tanto dentro como alrededor de ti *ahora*.

Recuerda, tu salvación es una idea de Dios, de principio a fin. De hecho, no puedes comenzar una relación con Jesús hasta que Dios, por medio de su Espíritu Santo, te guíe. Dijo Jesús *«Nadie puede venir a mí si no lo atrae el Padre que me envió»* (Juan 6:44).

Mientras estemos en la tierra Dios no nos dejará solos. Su Espíritu vive en nosotros, ayudándonos a entender su plan, consolándonos cuando estamos deprimidos y convenciéndonos cuando vayamos en una dirección equivocada.

«Pero les digo la verdad: Les conviene que me vaya porque, si no lo hago, el Consolador no vendrá a ustedes; en cambio, si me voy, se lo enviaré a ustedes. Y cuando él venga, convencerá al mundo de su error en cuanto al pecado, a la justicia y al juicio; en cuanto al pecado, porque no creen en mí; en cuanto a la justicia, porque voy al Padre y ustedes ya no podrán verme; y en cuanto al juicio, porque el príncipe de este mundo ya ha sido juzgado» (Juan 16:7-11).

El Espíritu Santo nos dice que somos pecadores. Nos presenta un cuadro de lo perfecto que es Dios y nos ayuda a ver que Jesús vivió perfectamente de acuerdo a los estándares del Padre. Jesús nunca pecó. Cuando Jesús murió, su sacrificio perfecto pagó el castigo de nuestros pecados. Se levantó al tercer día, ascendió a los cielos y fue aceptado por Dios. Jesús es el parámetro de la perfección de Dios. Para estar con Dios debemos ser perfectos como Jesús.

¡Genial! Como si eso alguna vez pudiera suceder.

Espera, no es tan imposible como parece.

Por medio de las ondas de TV.

Al mirar un programa de televisión en su sala de estar, un muchachito de diecisiete años (su servidor) se dio cuenta de que necesitaba el perdón de Dios. Pat Robertson, el conductor de un programa llamado *El Club 700*, estaba explicando las Buenas Nuevas de Jesús.

Yo no conocía a Pat Robertson, pero al mirarlo por televisión con mi mamá y mi hermano mayor, el Espíritu Santo me convenció de mi pecado, de mi necesidad de recibir el perdón de Jesús y de la realidad que en Jesús podría tener libertad.

Al finalizar el programa aparecía en pantalla un número de teléfono. Mi mamá lo marcó y yo hablé con un consejero, y mi vida cambió para siempre.

El Espíritu Santo puso el deseo de recibir a Cristo en mi corazón. El Espíritu Santo selló el trato. Desde ese día hasta hoy, él ha estado conmigo. El Espíritu Santo estará conmigo hasta el día que me presente ante Dios en la eternidad.

¡Qué promesa!

Una guía de verdad

No siempre nos va a ir bien. A veces seguiremos nuestros propios pensamientos y no la guía del Espíritu Santo. Es un hecho. Sin embargo, el Espíritu Santo ¡no se rinde! Te convertirá y alertará tu conciencia cuando falles.

Agradezco a Dios por darme su Espíritu Santo. Muchas veces su guía ha cambiado mi vida.

En la universidad, la semana antes de los exámenes finales, en diciembre de 1992, estaba sentado en una capillita, orando (créeme, necesitaba la ayuda del Señor). Ya estaba impaciente por volver a casa. Había estado de novio con Carmen durante cuatro años, y los últimos dos y medio fueron a larga distancia. Casi todos los días hablábamos por teléfono, pero ya no podía esperar a verla.

Sentado allí orando, sentí que tenía que tomar un semestre de descanso y casarnos un año antes. ¡Socorro! Pensé que mis hormonas estaban demasiado alborotadas. ¿Dejar la universidad y casarme? Es la idea más loca ...

Tentador. Después de cuatro años de estar de novios con mi gran amor, casi no podía esperar para casarnos. Ya habíamos hablado de casarnos en el verano de 1994, después de que me graduara. ¿Para qué iba a apresurar las cosas?

Bien, traté de sacarme la idea de la cabeza, pero no podía hacerlo. Hablé con el pastor de la universidad y él oró conmigo. «¿Por qué no hablas con tus padres y algunos amigos de confianza? Quizás Dios está tratando de decirte algo. Si es así, él confirmará lo que está diciendo por medio de otras personas».

¿Casarnos?

Hablé con mi padre, quien también es pastor. Hablé con algunos amigos de confianza. Todos los caminos apuntaban en la misma dirección. ¿Por qué no confías en lo que Dios te está diciendo y dejas los estudios por el semestre de primavera? Si Dios te sigue guiando en ese sentido, cásate en el verano de 1993. si no, cásate después de graduarte.

Me tomé tres días para pasar un tiempo a solas con Dios, en la casa de un amigo. Necesitaba saber que no estaba haciendo esto de mi propia voluntad. Después del segundo día, mi corazón rebozaba de confianza en que Dios realmente me estaba guiando. Era el Espíritu Santo revelando sus deseos en mi corazón.

Las cosas comenzaron a ponerse en su lugar desde el momento que dejé la universidad. Necesitaba un trabajo; lo conseguí rápido. No teníamos un centavo para la boda; el Señor movió a los miembros de la familia para ayudar sin que se lo pidiéramos.

La mamá de Carmen recibió miles de dólares que no esperaba en su trabajo, y pagó la recepción. El 5 de junio de 1993, el día de nuestra boda, teníamos todo lo que necesitábamos para la boda, un auto comprado en efectivo y planes para mudarnos a Tulsa, para que yo pudiera terminar la universidad.

Obedecimos la guía del Espíritu Santo cuando no tenía sentido. Bien, Carmen y yo nos encontrábamos en la iglesia, unos meses más tarde cuando vimos un póster de una actividad de evangelización en toda la ciudad con Luis Palau.

Él póster pedía voluntarios y daba un número de teléfono. De inmediato miré a Carmen y le dije «necesito llamar a ese teléfono. He buscado oportunidades para servir en evangelismo, y esta puede ser una».

Llamé al número y hablé con Denny Brubaker, a la mañana siguiente. El lunes en la tarde, un día después de haber visto el anuncio, estaba en la oficina de evangelismo de Luis Palau como voluntario. Ese verano trabajé como voluntario a tiempo completo.

Para la fecha de la actividad de evangelización ya estaba empleado por el ministerio Luis Palau.

Esta es la cuestión, yo nunca había pasado un verano cerca de mi universidad. Siempre me iba a casa, a Nueva York, para estar con Carmen. Sin embargo, como obedecí el llamado del Espíritu Santo y me casé en el verano de 1993, pasamos el verano de 1994 sirviendo en el ministerio de evangelización de Luis Palau.

Estaba en el lugar correcto, en el momento correcto haciendo lo correcto ... ¡y todo por el Espíritu Santo!

> «Pero cuando venga el Espíritu de la verdad, él los guiará a toda la verdad, porque no hablará por su propia cuenta sino que dirá solo lo que oiga y les anunciará las cosas por venir» (Juan 16:13).

¿Cómo te guiará el Espíritu Santo? Acabo de contarte solo una de muchas ocasiones en mi vida cuando su guía y dirección fueron abrumadoras. Tu experiencia será única, pero es el mismo Espíritu Santo quien te guía.

Un trabajo interno

Espero que te sientas impactado para buscar la guía del Espíritu Santo en tu vida. El Nuevo Testamento está lleno de historias reales de personas transformadas y usadas poderosamente por el Espíritu Santo.

La Biblia nos muestra dos formas en que el Espíritu Santo hace su obra en nosotros y a través de nosotros. La primera, y la más importante, es que cambia nuestro carácter. Cuando recién confiamos en Jesús, nuestras vidas están todavía dominadas por el egoísmo. Hacemos lo que queremos. Al pasar tiempo, y si seguimos a Jesucristo, eso cambia.

Ha sido impresionante para mí observar a Rafael durante su primer año como seguidor de Jesús. Él fue siempre un buen muchacho. Era divertido andar con Rafael. Sin embargo, aunque crecimos juntos, nadie sabía lo que en realidad estaba pasando en su interior.

Uno lo conocía a la distancia. ¿Qué pensaba o qué sentía? Nadie lo sabía. Por esa razón, pudo ocultar años de abuso de alcohol y droga. Estábamos acostumbrados a que Rafael fuera reservado.

A los pocos meses de haber aceptado a Jesús, Rafael comenzó a franquearse notoriamente. «José, por años no podía decir nada», me dijo. «Yo estaba en lo mío. El resto de ustedes estaban siguiendo a Jesús. Me sentía avergonzado de decir lo que estaba haciendo. Y con el tiempo, al ponerme peor, quería hablar más de las cosas. Pero la culpa y la vergüenza ... no me permitían ser franco».

Dios liberó a Rafael. Ahora es un libro abierto. En todo caso, ¡habla demasiado!

Puede parecer sutil, pero el Espíritu Santo trabaja en nuestro carácter. Saca las cosas que no le agradan a Dios, las quita del medio. Es un trabajo interno.

89

«Porque nosotros, por naturaleza, nos inclinamos al mal, y con ello nos oponemos al Espíritu Santo; como también los deseos del Espíritu Santo se oponen a nuestros propios deseos naturales. Son dos fuerzas que luchan en nuestro interior, aparte de nuestra propia voluntad. Pero no olvidéis que, si sois guiados por el Espíritu Santo, ya no estáis bajo la ley» (Gálatas 5:17-18)

Hay una verdadera batalla. A pesar de que estás lleno del Espíritu Santo, el «viejo yo» quiere asomar su cabeza fea una y otra vez.

Dios nos da su Espíritu, pero tenemos una naturaleza pecadora. ¡Todavía eres humano! El objetivo es ser «guiados por el Espíritu». Cuando el Espíritu Santo revela una parte de tu vida que no le agrada a Dios, y te deja claro cómo la deberías cambiar, sigue su dirección.

Piensa en tu vida siguiendo a Jesús como el proceso de construir un edificio.

> *«Según la gracia que Dios me ha dado, yo, como maestro constructor, eché los cimientos, y otro construye sobre ellos. Pero cada uno tenga cuidado de cómo construye, porque nadie puede poner un fundamento diferente del que ya está puesto, que es Jesucristo. Si alguien construye sobre este fundamento, ya sea con oro, plata y piedras preciosas, o con madera, heno y paja, su obra se mostrará tal cual es, pues el día del juicio la dejará al descubierto.*
>
> *El fuego la dará a conocer, y pondrá a prueba la calidad del trabajo de cada uno. Si lo que alguien ha construido permanece, recibirá su recompensa, pero si su obra es consumida por las llamas, él sufrirá pérdida. Será salvo, pero como quien pasa por el fuego.*
>
> *¿No saben que ustedes son templo de Dios y que el Espíritu de Dios habita en ustedes?»* (1 Corintios 3:10-16).

Jesús es el fundamento. Él es la roca. Él no cambia. Si las cosas se vienen abajo, no podemos culpar al fundamento.

Nosotros elegimos «los materiales». Se trata de las elecciones. Puedes seguir la guía de Dios y hacer las cosas a la manera de Dios, es como construir tu casa con «oro, plata y piedras preciosas». Elige desobedecer constantemente y terminarás construyendo tu casa con «paja y heno».

¿Quién quiere vivir en una casa de paja? Un solo fósforo que se encienda y la casa es consumida por el fuego. Es el recordatorio gráfico de lo importante que es elegir los propósitos de Dios para nuestras vidas en lugar de los nuestros.

Dios nos está mirando. Nos ha proporcionado a su Santo Espíritu para darnos el poder de elegir el bien sobre el mal. Y un día nos presentaremos ante él y daremos cuentas de cómo vivimos. La buena noticia es que el seguidor de Jesús «será salvo». La salvación es un regalo. Pero ten presente que perderás tu recompensa si no honras a Dios en obediencia diaria.

He visto a seguidores de Jesús vivir a diario en desobediencia a los mandamientos claros de Dios. No vale la pena. Siempre pierdes cuando pecas.

«No se engañen: de Dios nadie se burla. Cada uno cosecha lo que siembra. El que siembra para agradar a su naturaleza pecaminosa, de esa misma naturaleza cosechará destrucción; el que siembra para agradar al Espíritu, del Espíritu cosechará vida eterna» (Gálatas 6:7-8).

91

No puedes engañar a Dios. Vive para ti mismo y vivirás pagándolo. Dios disciplina a sus hijos. No hagas que Dios te de una nalgada ¡porque te dolerá!

El otro lado de la moneda es la esperanza que Dios nos da.

«En cambio, el fruto del Espíritu es amor, alegría, paz, paciencia, amabilidad, bondad, fidelidad, humildad y dominio propio. No hay ley que condene estas cosas. Los que son de Cristo Jesús han crucificado la naturaleza pecaminosa, con sus pasiones y deseos» (Gálatas 5:22-24).

Dios te cambiará. Cuando recibas al Espíritu Santo él comienza a obrar en tu carácter, tu yo verdadero, para que comiences a parecerte más y más a Jesús; amoroso, paciente, amable, etc. Yo ya no soy, ni por asomo, lo egocéntrico que era antes. Todavía estoy trabajando en eso, pero el Espíritu Santo me ha dado control propio para poner a otros antes que mis deseos.

El Espíritu Santo quiere cambiarte, pero tu tienes un rol muy importante que desempeñar. Hemos sido llamados a «crucificar» o matar la naturaleza pecadora. Todos los días tienes la posibilidad de hacer elecciones. Por ejemplo, cuando se asoma la lujuria, puedes elegir darte vuelta y no mirar las imágenes que la causan, o cuando te acusan de un desparramo que no hiciste, puedes ayudar a limpiarlo de todos modos. Al principio es difícil, pero con el tiempo se transforma en una segunda naturaleza, con la ayuda del Espíritu Santo.

Cuando alguien te hace algo malo, tu reacción natural es devolverle el mal a esa persona, y darle más duro, incluso. Es necesario tomar la decisión de confiar en la guía de Dios y demostrar amor.

Cuanto más eliges seguir el camino de Dios, el Espíritu Santo producirá en ti el fruto que complace a Dios más profunda y ampliamente.

Una vez más, no estoy sugiriendo que siempre lo harás bien. Pero al mirar hacia atrás, el patrón de los próximos años debería ser una vida más centrada en Dios que en ti mismo.

Quisiera que pudieras pasar un día con Rafael. No es perfecto. Pero desde que confió en Jesús, ha ido en la dirección correcta. Y podríamos decir lo mismo en cuanto a tu persona.

8

Un avión para muchos pasajeros

El crecimiento en grupos

«Por favor no me dejes en Kenya. Pase lo que pase, ponme en el avión a Londres, consígueme un doctor y no me dejes».

Con eso me incliné y vomité otra vez.

He viajado por el mundo con Dave Lubben y Jeramy Burchett. Dave toca la guitarra y canta, Jeramy toca la batería. Hemos reído juntos, llorado juntos, y en más de una ocasión, casi muerto juntos.

Esta vez pensé que estaba en camino hacia la eternidad.

Acabábamos de terminar un viaje misionero a Uganda, en África oriental. Allí estábamos, unos muchachos locos hablando de Cristo a las multitudes de a miles ... ¡en medio de una guerra civil! Sobrevivimos, pero sin duda ayudó haber tenido guardias armados con ametralladoras. A pesar de las armas y de la guerra, muchos jóvenes confiaron sus vidas a Jesús. La noche antes de que regresáramos a casa comencé a sentirme mal. Esa noche no pude dormir. Al amanecer me sentía horrible: fiebre muy alta, transpiración, dolor en los huesos y malestar de estómago.

Sobreviví el corto vuelo de Uganda a Kenya. Ahora quedaban por delante dos vuelos largos: Kenya a Londres, y Londres a Estados Unidos. Sentado en el aeropuerto de Nairobi, comencé a perder el conocimiento. No podía caminar ni pensar bien. Al ir hacia nuestra salida casi me desmayé.

 ## Sobreviví

En momentos así necesitas saber que no estás solo. Dave y Jeramy tomaron cartas en el asunto. Hablaron con las azafatas y cambiaron mi asiento para que me pudiera estirar. Estuvieron conmigo todo el tiempo. Sin ellos hubiera estado en un verdadero desastre.

Ya en Estados Unidos, seguí enfermo durante una semana. Los doctores diagnosticaron que había contraído un virus que debía eliminar mi propio sistema. Agradezco a Dios por la ayuda de los doctores y los remedios. Pero estoy muy agradecido por los amigos que me llevaron a casa a salvo.

Nunca viajes solo

¿Qué tiene que ver esto con tu viaje espiritual?

Todo.

No fuiste hecho para viajar solo. Dios te diseñó para conectarte con otros viajeros, para crecer en grupo.

Mira a Jesús. Él es Dios encarnado, y ni siquiera él viajó solo. Donde sea que encuentres a Jesús, casi siempre ves un grupo.

Doce hombres formaban el grupo más cercano de Jesús. Algunos eran pescadores, otros eran cobradores de impuestos y activistas políticos. Miles siguieron a Jesús por todos lados mientras enseñaba y hacía milagros. Tenían una cosa en común: Jesús.

Al acercarse la hora en que él se iría de este mundo y regresaría con su Padre en el cielo, Jesús invitó a su grupo íntimo de amigos a una comida especial y les dio las instrucciones de último minuto. Todo lo que él dijo e hizo esa noche había sido cuidadosamente planeado y era demasiado importante para el éxito de su misión.

«Permanezcan en mí, y yo permaneceré en ustedes. Así como ninguna rama puede dar fruto por sí misma, sino que tiene que permanecer en la vid, así tampoco ustedes pueden dar fruto si no permanecen en mí» (Juan 15: 4), les dijo Jesús.

Y él tiene razón, por supuesto. Sin Jesús no tenemos fuerza para vivir una vida que agrade a Dios. Sin una relación fresca y progresiva con Jesús nos secamos. No seremos productivos.

Él continuó: «Así como el Padre me ha amado a mí, también yo los he amado a ustedes. Permanezcan en mi amor. Si obedecen mis mandamientos, permanecerán en mi amor, así como yo he obedecido los mandamientos de mi Padre y permanezco en su amor» (Juan 15:9-10).

¿Cómo nos mantenemos conectados y permanecemos en su amor? Descubre lo que Dios quiere que hagas y obedécelo. Seguramente nos vamos a equivocar. Nunca seremos perfectos de este lado de la eternidad. Pero Jesús quiere que sepas que en tanto desees sinceramente hacer lo que él desea, puedes contar con que experimentarás el amor de Dios a cada paso del camino.

Hasta ahora esto es personal. Tú y Dios. Dios y tú. Pero si te detienes allí te perderás el secreto de cómo crecerá tu relación con Jesús.

> «Y esto es lo que les mando: que se amen unos a otros, así como yo los amo a ustedes. Nadie muestra más amor que quien da la vida por sus amigos. Ustedes son mis amigos, si hacen lo que les mando. Ya no los llamo sirvientes, porque un sirviente no sabe lo que hace su jefe. Los llamo amigos, porque les he contado todo lo que me enseñó mi Padre».
>
> «Ustedes no fueron los que me eligieron a mí, sino que fui yo quien los eligió a ustedes. Les he mandado que vayan y sean como ramas que siempre dan mucho fruto. Así, mi Padre les dará lo que ustedes le pidan en mi nombre. Esto les ordeno: Que se amen unos a otros» (Juan 15:12-17, BLS)

Dios ama a su Hijo Jesús. Jesús ama a sus amigos (es decir a ti y a mí, si le obedecemos). Y Jesús nos dice exactamente cómo permanecer en esa relación de amor. Da tu vida por tus amigos.

Esta no fue una frase hipotética que Jesús esperaba que quedara bien en alguna placa de una pared. Es la forma en que se debe vivir la fe cristiana. Los amigos se sacrifican por los amigos.

Jesús te eligió porque te ama, y te llama a obedecerlo. Encontrarás tu mayor satisfacción al caminar tu jornada de fe con otros amigos, *con otros seguidores de Jesús.*

Tus amigos te edificarán o te quebrarán. No estoy sugiriendo que nunca andes con gente no cristiana. No estoy diciendo que te debes alejar de los no cristianos, que evites tener amigos que no siguen a Jesús. No, tienes que ser una influencia cristiana en sus vidas, y eso es difícil, si no imposible, para hacerlo a la distancia.

Pero sí debes buscar que quienes ejercen una influencia en tu vida sean seguidores de Jesús. Esto es lo que yo hice: busqué a personas como Colin, que es mayor que yo, más sabio, y que ha seguido a Cristo antes que yo lo hiciera. No es el amigo con el que ando los viernes por la noche, pero es un amigo. Puedes llamarlo un mentor. Todos nosotros necesitamos a alguien que nos conozca, que se preocupe por nosotros y que nos desafíe cuando vea cosas en nuestra vida que no agradan a Dios.

Los primeros seguidores de Jesús, aquellos que escucharon su mandamiento de amarse los unos a los otros, el grupo de los doce que estaban con Jesús la noche antes de morir, no siempre se llevaban bien. Eran competitivos y con frecuencia egoístas. Cada uno quería ser el que estuviera más cerca de Jesús. Venían de diferentes partes del país, diferentes estratos sociales y tenían ideas políticas diferentes.

97

Pero Dios los llamó a estar en comunidad. Tú también necesitas otras personas que te ayuden a seguir a Jesucristo.

Jesús nos reunió

En algunos aspectos soy exactamente igual a mi amigo Dave; en otros, somos los polos opuestos. Somos muy competitivos los dos. Yo insisto que toda competencia debe seguir la regla Zayas: seguimos jugando hasta que yo gane al menos una vez.

Tengo que ganar.

La última noche de un viaje largo a Rumania, Dave y yo jugamos al ping-pong hasta el amanecer, todo por la regla Zayas. Él juega muy bien, yo soy pésimo.

Ahora, en lo que se refiere a comida, somos los extremos opuestos. Esta es la dieta de Dave: bistec y papas. Él se crió en Dakota del Norte, y no exagero cuando digo que vive a papas y bistec. O cuando estamos en un país extranjero, come hamburguesas y papas fritas (lo mismo, en diferente envoltorio). Nunca vi a nadie comer tan aburrido.

Yo siempre quiero lo más extraño en el menú. Pruebo todo una vez, excepto el hígado o la carne de algún otro órgano. Es divertido mirar las expresiones de Dave cuando como algo extraño. Mientras me río, él siente asco.

Dave y yo hemos servido a Jesús juntos desde 1999. Él ha sido una tremenda influencia en mi vida. Me ha animado. Me ha desafiado. Me ha llamado la atención cuando lo necesité.

Mientras estaba sentado en ese aeropuerto en Nairobi, me sentía muy feliz porque Dave y Jeramy estaban allí. En ese momento los necesitaba. En este momento los necesito.

Comunidad. Jesús hace fluir su amor hacia nosotros por medio de otras personas. Puedo seguir interminablemente contándote acerca de personas que formaron mi pensamiento e invirtieron en mi vida. Juan y Nancy, líderes voluntarios en el grupo de jóvenes de nuestra iglesia, fueron como mis segundos padres durante mis años de adolescencia. Durante un retiro de invierno, un fin de semana, yo estaba actuando como un malcriado. Hablaba mientras dirigían una reunión de grupo, mostraba el peor lado de mi personalidad.

Finalmente, Nancy me llevó al corredor y me habló secamente. En ese momento parecía demasiado duro. «¿No está aquí ella para mostrarme el amor y ayudarme?» Ahora sé que eso era exactamente lo que yo necesitaba.

La iglesia es la comunidad

La iglesia es una comunidad de diversas personas. Cuando era un niño, pensaba que la «iglesia» era el edificio a donde se iba los domingos para hacer ejercicios espirituales. Al estudiar la Biblia he aprendido que la «iglesia» tiene poco que ver con las paredes y las sillas.

Raramente Jesús usó la palabra «iglesia». Cuando lo hizo, era claro que no se refería al edificio: «*sobre esta piedra edificaré mi iglesia, y las puertas del reino de la muerte no prevalecerán contra ella*» (Mateo 16:18, también Mateo 18). *Jesús estaba hablando* de la gente. La compañía de gente que viajaría junta como sus seguidores, unidos por su fe en su Líder Salvador, a través de los siglos.

Sí, las iglesias poseen edificios donde la gente se reúne, pero la iglesia es una comunidad de personas, con errores y todo, enamoradas de Dios, y que aprenden a amarse las unas a las otras.

Nota que dije «aprenden». Hay un antiguo dicho: «Si llegas a encontrar la iglesia perfecta, no te hagas miembro porque la arruinarás». Nadie es perfecto. Ninguna comunidad de seguidores de Jesús es perfecta. Por esa razón Jesús *les ordenó* a sus seguidores que se amaran los unos a los otros. ¡Él sabía lo difícil que nos resultaría!

Oigo la misma queja de distintas maneras. Con frecuencia, escucho algo así: «Yo amo a Jesús. Son los que se dicen cristianos a quienes no soporto».

Puede que te hayas quemado con la hipocresía de un cristiano, o hayas visitado una iglesia solo para salir más apagado que encendido.

He sido parte de muchas iglesias. He visto escándalos y desencantos. Pero cuando miro mi propia vida y encuentro todos mis errores, me recuerda que no hay amigos perfectos, ni lugares perfectos y menos aún, iglesias perfectas.

Solo tienes que leer los Hechos de los Apóstoles, el libro del Nuevo Testamento que cuenta cómo Jesús comenzó a construir su iglesia por medio del poder del Espíritu Santo, para tener una idea de cómo eran los primeros cristianos. Mira los días buenos:

> *Oraban juntos (Hechos 2:1; 4:24).*
> *Compartían su dinero y propiedades (2:44).*
> *Se reunían para comer y adorar (2:46).*
> *Discutían sus desacuerdos (6:2).*
> *Se reunían para celebrar lo que Dios hacía por medio de ellos cuando testificaban (14:27).*

Parece el lugar ideal. Pero no te olvides del otro lado de la moneda. Mira los días malos:

> *Se burlaban de ellos (Hechos 2:13).*
> *Los amenazaban (4:21).*
> *Algunos mentían y engañaban (5:1-11).*
> *Los arrestaban y los golpeaban por causa de su fe (5:18; 40).*
> *Al comenzar la persecución era peligroso ser un cristiano (8:1-3).*
> *Había desacuerdos importantes entre los líderes (15:1-21; 36-41).*

Si eso no es lo suficientemente convincente, considera esto: la mayoría de las cartas del Nuevo Testamento fueron escritas a iglesias que tenían problemas con la gente. Algunos en la iglesia estaban abusando de su poder. Otros enseñaban mentiras y tergiversaban el mensaje de Jesucristo. Muchos estaban en abierta rebeldía con la verdad. Sucedía hace 2.000 años. Sucede hoy.

La vida no es fácil. Seguir a Jesucristo conlleva frecuentemente desafíos y hasta persecución. Recientemente me encontré con algunos pastores de iglesias «escondidas», o no registradas, de China. Es ilegal que esos grupos se reúnan a adorar. Hablar en público de su fe puede acarrear interrogatorios. Intimidación. Prisión. Pero a pesar de eso se reúnen. En apartamentos, en los almacenes de las tiendas. Tarde en la noche, o temprano en la mañana. Cuando sería mucho más fácil seguir a Jesús como un viajero solitario, estos creyentes se arriesgan con alegría y se presentan a adorar a Dios juntos. ¿Por qué? Para experimentar el poder del amor de Jesús expresado por medio de vivir y servir juntos.

Del otro lado del planeta, en África, un pastor me dijo: «Es tan peligroso aquí que he mandado a mis hijos lejos a la escuela. Yo todavía no me puedo ir. La gente necesita de mí. Las Buenas Noticias de Jesús se están propagando. Dios está obrando aquí. Así que me quedo».

Jesús dijo que el mayor amor se muestra cuando la gente pone la vida por sus amigos.

Estamos en esto juntos. Si eres un seguidor de Jesús, eres parte de esta gran compañía de amigos.

Jesús quiere que vivas tu vida con otros seguidores. Entonces, hagas lo que hagas, no dejes la familia de Dios, la iglesia. No es perfecta ... todavía, pero tampoco lo eres tú. La iglesia, sin embargo, es la única organización viva (organismo es un término más apropiado para describir lo que la Biblia llama «el cuerpo de Cristo») que Jesús dijo que él edificaría de forma maestra y protegería con fuerza.

> *«Pues nadie ha odiado jamás a su propio cuerpo; al contrario, lo alimenta y lo cuida, así como Cristo hace con la iglesia, porque somos miembros de su cuerpo» (Efesios 5:29-30).*

> *«Pues así como cada uno de nosotros tiene un solo cuerpo con muchos miembros, y no todos estos miembros desempeñan la misma función, también nosotros, siendo muchos, formamos un solo cuerpo en Cristo, y cada miembro está unido a todos los demás» (Romanos 12:4-5).*

Usualmente soy cuidadoso en cuanto a dar consejos. Pero permíteme mencionar algunas pautas personales que te pueden ayudar a encontrar un grupo de cristianos «con el cual crecer».

Encuentra una iglesia donde Jesús sea el enfoque central. Suena como un *oxymoron*, (algo contradictorio) pero hay iglesias que se enfocan más en un programa o en una personalidad que en la persona de Jesús.

Asegúrate de que creen y enseñan la Biblia. De seguro te distraerás de la fe cuando se valoran más las ideas y opiniones que las claras enseñanzas de Dios. Si una iglesia elige desechar cualquier parte de la Biblia por no ser válida y práctica para hoy, ¡cuidado!

Busca señales de amor y preocupación. Puedes enseñar la verdad y sin embargo, olvidarte que Jesús nos llamó a amarnos y dar nuestras vidas los unos por los otros. Al conocer a la gente de la iglesia, debes encontrar señales de humildad e interés genuinos. Me refiero a algo más que una sonrisa plástica al salir. Acércate a personas que hayan estado allí por un tiempo y sentirás una cálida bienvenida o un frío distante.

Estamos en esto juntos

Comprométete a algo más que una reunión de fin de semana. La razón de unirte a una iglesia no es ir a los servicios del fin de semana. Es un buen comienzo, pero solo el comienzo. Busca de dos a cinco personas con quienes puedas pasar más tiempo. Quizás haya un estudio bíblico o grupo de discipulado que se reúne en un hogar. En esos lugares es donde he crecido más, en un ambiente donde puedo ser real, hacer preguntas y edificar relaciones.

Hay muchas otras cosas prácticas que podría agregar, pero esto debe ser suficiente para que puedas comenzar.

En caso que pienses que estoy lanzando alguna teoría, debo decirte que nuestra familia está buscando una iglesia nueva mientras escribo este libro. Nos acabamos de mudar a otro estado y dejamos atrás un gran grupo de amigos. Los últimos cinco años hemos crecido a saltos enormes gracias a ellos. Ahora mismo los extrañamos. Pero sabemos que en este nuevo lugar Dios quiere que nos conectemos con otra familia-iglesia para seguir formándonos.

No vivas la vida solo. Sigue a Jesús al conectarte con un grupo de amigos viajeros.

9

Ajústense los cinturones. Hay turbulencia

Por qué este viaje no será fácil

«Confía en Jesucristo y tu vida mejorará», dijo el predicador.

En un sentido esa afirmación es verdad. Cuando tu pecado es quitado y tienes una relación correcta con Dios, ¡eso no es nada malo! Es mejor de lo que estabas antes.

Pero Jesús nunca prometió a sus seguidores un viaje fácil. Todo lo contrario. *«En este mundo afrontarán aflicciones, pero ¡anímense! Yo he vencido al mundo»* (Juan 16:33).

Las turbulencias son enloquecedoras. Volaba yo en una pequeña avioneta en Wyoming. El viento soplaba tan fuerte que estaba seguro que la avioneta se iba a desarmar. Era mejor que estar montado en una montaña rusa — de arriba a abajo, de lado a lado. Lo único que la avioneta no hizo, fue ponernos con la cabeza hacia abajo, y eso fue una buena señal, porque de haber sucedido, nos hubieramos estrellado.

La turbulencia es viento. Si miras por la ventana de la avioneta no lo puedes ver. No ves de dónde viene ni qué tan fuerte golpea la avioneta. Lo sientes. He volado tanto que ya no me turba. La experiencia es una gran maestra. Pero he visto a algunas personas que se espantan cuando el avión tiembla. Se aferran de sus asientos. Agachan sus cabezas. He visto a algunos llorar. Lo que no se dan cuenta es de que el piloto está en control total. No lo puedes ver, pero dentro de la cabina, el piloto dirige el avión a través de las zonas de turbulencia hacia la altitud necesaria para continuar el viaje con serenidad.

En el capítulo 2 recordamos lo mala que es la naturaleza humana. Estamos tentados a hacer el mal, mientras el Espíritu Santo está animándonos a vivir para Dios. Tenemos «control» de esa clase de turbulencia. Si tienes al Espíritu Santo puedes elegir hacer lo bueno. Pero ¿qué de las fuerzas más allá de tu control?

Reducción corporativa

Crecí en la ciudad de Nueva York. Papá, mamá, dos hermanos, una hermana y yo (y alguna mascota ocasional). Mi mamá se quedó en casa para criarnos. Papá no ganaba mucho como contador en General Electric. Seis bocas para alimentar con un solo salario hacían que las cosas estuvieran ajustadas. Nunca salimos mucho a comer afuera. Nunca tuvimos un auto elegante (a menos que consideres una furgoneta Volkswagen elegante).

Vivimos en un pequeño apartamento en Brooklyn durante los primero diez años de mi vida. Me encantaba. Estábamos amontonados, pero me gustaba. A través de lo que yo llamaría milagro, pudimos comprar una casa en Staten Island.

Yo había crecido mirando por la ventana de un tercer piso con barrotes, viendo el cemento, el asfalto y dos arbustos verdes. Así que mirar por la ventana y ver el césped era como ir al cielo. Estaba tan acostumbrado al ruido que me llevó semanas habituarme a dormir en nuestro barrio silencioso.

No podríamos haber estado más contentos. La vida era buena. Dios nos había bendecido más de lo que nos merecíamos.

Esa vida feliz y buena fue conmovida cuando papá llegó a casa con las noticias de que GE estaba por mudar sus oficinas principales a Connecticut. Papá era un líder en nuestra iglesia. Enseñaba en estudios bíblicos y ayudaba a fundar iglesias nuevas en toda la ciudad de Nueva York. GE le ofreció un paquete generoso para que toda la familia se mudara. Nos comprarían la casa, nos darían dinero extra y nos reestablecerían en Connecticut.

Mis padres oraron. Estaban seguros de que Dios los quería sirviéndolo en Nueva York. Entonces papá rechazó la oferta.

Aprendí un nuevo término llamado «reducción corporativa». Mi papá no podría haberlo predicho, pero otras compañías estaban despidiendo personal a derecha e izquierda. Papá envió cientos de currículum vitae y tuvo incontables entrevistas. «No estamos tomando empleados en este momento». «Usted está sobre calificado». «Guardaremos su currículum vitae por si se abre algún puesto de trabajo». Después de un tiempo ya no le quería preguntar a papá cómo le había ido en la entrevista.

Debes saber algo en cuanto a mi padre. Él es la persona más responsable que conozco. No es ningún haragán. Vive según el credo: «Si no lo vas a hacer bien, no lo hagas». Así que ver a mi padre rechazado vez tras vez me dolía.

No era un haragán

Avancemos dos años. Así es, por más de dos años mi papá no pudo encontrar un trabajo donde le pagaran como antes. Las cosas se pusieron ajustadas. Las cosas se pusieron más ajustadas. Las cosas se pusieron desesperadas.

¿Por qué? Si alguna vez le haz preguntado a Dios ¿por qué?, no eres el único. Me quedaba despierto y clamaba a Dios, con lágrimas, pidiéndole que nos rescatara de este embrollo. Eran mis años previos a la secundaria y los de la secundaria. Apenas teníamos dinero para la comida, y ni hablar de ropa nueva. Me sentía completamente rechazado y no podía hacer nada al respecto.

Aquí es donde la fe brilla mejor. Mis padres, en lugar de enojarse y quejarse, se apoyaron en Dios buscando ayuda y paz. Las cosas estaban realmente mal. Pero ellos sabían que habían seguido la dirección clara de Dios al quedarse con nuestra iglesia en Nueva York.

Llegó un aviso de desalojo. Los dos años de mal empleo se volvieron cuatro. Había trabajos regulares, pero no eran suficientemente buenos para una familia numerosa como la nuestra. Durante más de dos años vivimos en una casa que había sido oficialmente reposeída. En cualquier momento el alguacil podía venir y dejarnos en la calle.

«Hermanos, no queremos que desconozcan las aflicciones que sufrimos en la provincia de Asia. Estábamos tan agobiados bajo tanta presión, que hasta perdimos la esperanza de salir con vida: nos sentíamos como sentenciados a muerte. Pero eso sucedió para que no confiáramos en nosotros mismos sino en Dios, que resucita a los muertos» (2 Corintios 1:8-9).

¡Puedo identificarme con el lamento del apóstol Pablo! Mi hermano mayor, Miguel y yo trabajábamos medio tiempo en McDonald´s. A veces entregábamos nuestros cheques magros para ayudar a poner comida en la mesa. Nunca me voy a olvidar de cómo escuchaba a mi padre clamar a Dios en su habitación, con la puerta cerrada y la presión encima. El solo hecho de escribirlo me trae lágrimas a los ojos.

Esos fueron años dolorosos, y seguíamos a Jesús. ¡Por favor, explíquenmelo! No es que estábamos en rebeldía, ni nada así. Mis padres han sido más fieles a Dios que cualquier pareja que jamás he conocido. ¿Por qué nos sucedió esto? Cuando llegue al cielo lo quiero a averiguar.

Las turbulencias te pueden quebrar o pueden fortalecer tu resolución.

Mis padres creyeron que Dios tenía un plan en todo esto. El haberlo pasado me hizo alcanzar una fe propia. Dios proveyó en cada paso del camino. Durante esos cuatro años los gabinetes nunca estuvieron vacíos. Teníamos ropa para vestirnos. Hasta teníamos un auto, roto y perdiendo aceite, pero nos transportaba.

En los tiempos turbulentos ves de qué está hecho el avión. Fuimos conmovidos. Dios no. Nos llevó a buen puerto.

Hablando de milagros. Un domingo en la mañana mi padre solo tenía 10 centavos. Eso era todo, con una familia de seis. Estaba sentado en la iglesia y el Señor le pidió que los pusiera en la ofrenda. «Señor, esto es todo lo que tengo», oró. «Pero confío en Ti. ¡No me hará ningún bien de todos modos! Tómalo, Señor».

Nadie sabía que era la última moneda de mi papá, pero el Señor hizo que la gente se le acercara y le diera dinero. Algunos sabían lo que nos estaba pasando, otros no. Nuestra familia se fue de la iglesia con $400 en efectivo y alimentos. ¡Explícame eso!

En este mundo tendrás pruebas y problemas. Es parte del camino. Es el diseño de Dios para permitir que sucedan cosas que nos enfoquen la atención en su habilidad de cuidarnos y proveer.

¿Confías en Dios? Ten cuidado cómo respondes. Aprendí durante cuatro años de desierto que Dios puede proveer comida y agua para vivir.

Las luchas y las turbulencias son verdaderamente para nuestro bien. ¿No me crees? Por favor, entiende una cosa: tú no eres Dios. Yo no soy Dios. Por lo tanto no podemos pretender saber todos los porqué y los cómo de lo que Dios hace. Hay partes de la vida que seguirán siendo un misterio.

El apóstol Pablo estaba viajando a Asia para llevar el mensaje de Jesús. ¿Qué experimentó? Adversidad, desesperación, presión, la sentencia de muerte. «Pero eso sucedió», escribió Pablo, «*para que no confiáramos en nosotros mismos sino en Dios, que resucita a los muertos*» (2 Corintios 1:9).

Pablo sentía que ya no podía correr la carrera. Había sido apedreado por sus opositores que lo habían dejado por muerto. Golpeado porque quería anunciar el amor de Jesús. Imagínate.

Sin embargo, él miraba a la adversidad desde la perspectiva de Dios. «Dios, confío en ti. Si pudiste levantar a tu Hijo de los muertos y darme vida eterna, confiaré mis problemas diarios a ti». Me gustaría decir que las turbulencias son una cosa de una sola vez. No puedo. Ha habido y habrá épocas en la vida que dan miedo. Dios sostuvo a Pablo para que pudiera atravesarlas. Sostuvo a mi familia. Y lo hará contigo hasta el final.

«Él nos libró y nos librará de tal peligro de muerte. En él tenemos puesta nuestra esperanza, y él seguirá librándonos. Mientras tanto, ustedes nos ayudan orando por nosotros. Así muchos darán gracias a Dios por

nosotros a causa del don que se nos ha concedido en respuesta a tantas oraciones». (2 Corintios 1:10-11)

¿Cómo te puede ayudar la turbulencia? Estaba volando hacia Portland, Maine (no la vez que casi nos estrellamos), y estábamos en el último avión para aterrizar antes de que el aeropuerto cerrara por mal tiempo.

Después de volar en círculos sobre el aeropuerto durante cuarenta minutos, el capitán anunció: «Aún a pesar del los fuertes vientos se nos ha dado permiso de aterrizar. Asegúrense de ajustar bien sus cinturones y que sus pertenencias estén bien acomodadas. Este aterrizaje será sacudido». Este era un gran Boeing 757, no era como una avioneta. «Genial», pensé, «vamos de nuevo».

Al acercarnos a la pista, el avión de repente se desvió hacia un lado. Yo podía ver la pista, y luego nos empezamos a ir fuera de curso. El piloto hizo un giro brusco hacia la pista golpeando el avión contra el pavimento. ¡De verdad, golpeó!

Cuando llegamos a nuestra entrada, el piloto se paró ante la cabina abierta para saludar a la gente que salía. Déjame decirte, te garantizo que escuchó más «Oh, gracias» que nunca.

«Y no solo en esto, sino también en nuestros sufrimientos, porque sabemos que el sufrimiento produce perseverancia; la perseverancia, entereza de carácter; la entereza de carácter, esperanza» (Romanos 5:3-4).

Los tiempos duros hacen que pongas tu esperanza en Dios. Nos despiertan al hecho de que sin Dios nos estrellaríamos ... y pronto.

Cuando se abre el infierno

Muchas veces nosotros causamos algunos de nuestros problemas por las malas elecciones que hacemos y nos llevan por caminos espinosos y peligrosos.

> «Que nadie, al ser tentado, diga: "Es Dios quien me tienta." Porque Dios no puede ser tentado por el mal, ni tampoco tienta él a nadie. Todo lo contrario, cada uno es tentado cuando sus propios malos deseos lo arrastran y seducen. Luego, cuando el deseo ha concebido, engendra el pecado; y el pecado, una vez que ha sido consumado, da a luz la muerte» (Santiago 1:13-15).

Hay pérdidas de trabajos y hay tiempos difíciles. Algunas veces a la gente buena le suceden cosas malas. Es entonces cuando debemos confiar en la guía de Dios en un mundo difícil.

Y como si eso no fuera suficientemente duro, tenemos un enemigo listo a atacarnos.

> «Practiquen el dominio propio y manténganse alerta. Su enemigo el diablo ronda como león rugiente, buscando a quién devorar. Resístanlo, manteniéndose firmes en la fe, sabiendo que sus hermanos en todo el mundo están soportando la misma clase de sufrimientos» (1 Pedro 5:8-9).

No te metas con el diablo. Anda por aquí desde hace mucho más tiempo que tú, y sabe lo que te gusta. Tiene siglos de práctica perfeccionando su oficio de mentiroso y asesino (Juan 8:44). Nada de ropa roja y tridente. Es maligno y su misión es destruirte.

¿Por qué Satanás está esperando atacarte? Es un profundo odio por la familia. Él odia a Dios y a los hijos de

Dios. Al unirte a la familia de Dios, fuiste agregado a la larga lista que es el blanco del diablo. Él era uno de los ángeles de Dios de más alto rango, pero fue echado del cielo después de iniciar una rebelión. En su propio orgullo retorcido, Satanás (entonces se llamaba Lucifer) pensó que era igual a Dios. Todavía cree su propia mentira.

Ahora, no hay ninguna razón para temerle al diablo. Fíjate con cuidado de qué forma Pablo lo describió: «*el diablo ronda como león rugiente, buscando a quién devorar*».

Si eres un hijo de Dios, el diablo no tiene poder sobre ti. Jesucristo, el victorioso, vive en ti. Lo único que el diablo puede hacer es molestar con las cosas que te rodean. Él puede ponerte trampas, y lo hace. «*Y no es de extrañar, ya que Satanás mismo se disfraza de ángel de luz*» *(2 Corintios 11:14)*.

La realidad es que cuando Cristo murió en la cruz y se levantó otra vez, venció al diablo y todos sus demonios. Se remonta a la batalla inicial que dio origen a su odio inveterado:

> «*La serpiente era más astuta que todos los animales del campo que Dios el Señor había hecho, así que le preguntó a la mujer: ¿Es verdad que Dios les dijo que no comieran de ningún árbol del jardín?*» *(Génesis 3:1).*

Es un acusador. Miente, engaña y roba. Le hace un pequeño cambio a la verdad, esperando que reconozcamos su versión como la verdad. Dios le dijo a Adán y a Eva que no comieran de ese árbol porque morirían. Satanás torció las palabras de Dios y convenció a la mujer de que Dios les estaba mintiendo: «*¡No es cierto, no van a morir! Dios sabe muy bien que, cuando coman de ese árbol, se les abrirán los ojos y llegarán a ser como Dios, conocedores del bien y del mal*» *(Génesis 3:4-5).*

El hombre y la mujer creyeron la mentira de la serpiente y pecaron. Y nosotros también.

«El tentador se le acercó y le propuso: —Si eres el Hijo de Dios, ordena a estas piedras que se conviertan en pan. Jesús le respondió: —Escrito está: "No solo de pan vive el hombre, sino de toda palabra que sale de la boca de Dios"» (Mateo 4:3-4).

El diablo dice: «Usa el poder de Dios para tu propio bien».

Jesús dice: «No necesito hacer pan; me alimento de la Palabra de Dios».

El diablo intentó por segunda vez:

«—Si eres el Hijo de Dios, tírate abajo. Porque escrito está: "Ordenará a sus ángeles que te sostengan en sus manos, para que no tropieces con ninguna piedra".

—También está escrito: "No pongas a prueba al Señor tu Dios" --le contestó Jesús» (Mateo 4:6-7).

Una vez más, está tratando de jugar con el ego de Jesús. «Jesús, si eres el Hijo de Dios, pruébalo. Después de todo, Dios dijo que él protegería a su Hijo».

Jesús citó la Biblia con poder: «No pongas a prueba al Señor tu Dios».

En otras palabras, Jesús dijo: «Yo sé quien soy. No estoy jugando con el poder de Dios para mi beneficio»

Aquí aprendemos otra lección sobre el programa del diablo. ¡Es persistente! No se rindió ante un puñetazo de Jesús, y no va a dejar de atacarte.

En el tercer intento, el diablo usó todos sus trucos:

«De nuevo lo tentó el diablo, llevándolo a una montaña muy alta, y le mostró todos los reinos del

mundo y su esplendor. --Todo esto te daré si te postras y me adoras.

—¡Vete, Satanás! —le dijo Jesús—. Porque escrito está: "Adorarás al Señor tu Dios, y a él solo servirás".

Entonces el diablo lo dejó, y unos ángeles acudieron a servirle» (Mateo 4:8-11).

Todavía el diablo trata de presionar el ego de Jesús. «Oye, puedes evitar el sufrimiento que tienes por delante y quedarte con todo; solo adórame».

Es una tentación que tendrás. Puedes tener lo que quieres torciendo un poco las cosas. No tienes que hacer las cosas a la manera de Dios. Haz lo que tienes que hacer para salir adelante. Por ti solo.

«¿No te sientes bien? Prueba esto ... esto te hará sentir mejor, ¿verdad? Dios quiere que estés feliz».

Mentiras, mentiras, mentiras. Es todo lo que el diablo tiene para ofrecerte.

Entonces si el diablo conoce la Biblia y tiene más experiencia que tú, ¿cómo lo vences?

Conoce la Biblia. El diablo es un mentiroso, y la verdad de la Palabra de Dios siempre vence. Lee la Biblia. Estudia la Biblia. Memoriza la Biblia. Cuanto más conozcas de la Biblia, más fácil te será saber cuándo tu enemigo está torciéndola para engañarte.

Permanece conectado con Dios. Jesús tiene una relación íntima con su Padre. Cuando estás caminando cerca de Jesús, el diablo no tiene posibilidades. «Así que sométanse a Dios. Resistan al diablo, y él huirá de ustedes» (Santiago 4:7).

Adiós, perdedor.

10

Oprime el botón de llamada

Llama para pedir ayuda

Mi prima Isabel solo tenía 19 años cuando descubrió que tenía cáncer en los nódulos linfáticos. Toda la familia estaba conmovida. Tan dulce, tan joven. No lo vimos venir. Se suponía que tenía toda la vida por delante.

¿Qué hacer? Muchos en nuestra familia son seguidores de Jesús. A los pocos minutos de haber oído la noticia comenzamos a orar. La familia oró. Los amigos de la iglesia oraron. Mientras viajaba para hablar, les pedía a las multitudes que agregaran el nombre de mi prima a sus listas de oración.

Las turbulencias son un hecho en la vida. Los problemas vendrán de todas las formas y tamaños. Muchas veces cuando menos los esperas.

La analogía de la experiencia cristiana con un vuelo en avión se rompe, pero considera este cuadro: Estamos en esto juntos. Estamos conectados. Cuando el avión se sacude, todos se sacuden. Cuando aterriza, todos llegan a casa.

El capitán, aunque no lo veas, está viajando contigo. Durante los momentos difíciles es bueno recordar que Jesús prometió: «*Estaré con ustedes siempre, hasta el fin del mundo*» [Mateo 28:20]. Él está allí. Les ha dado a sus seguidores su Santo Espíritu para que viva en ellos. No se encuentra lejos.

¿Recuerdas cómo el apóstol Pablo contaba sus problemas en el último capítulo? Él estaba bajo tanta presión y problemas que «sentía la sentencia de muerte». Cuando Pablo reflexiona acerca de por qué esto le está sucediendo, él dice:

> «*Nos sentíamos como sentenciados a muerte. Pero eso sucedió para que no confiáramos en nosotros mismos sino en Dios, que resucita a los muertos. Él nos libró y nos librará de tal peligro de muerte. En él tenemos puesta nuestra esperanza, y él seguirá librándonos. Mientras tanto, ustedes nos ayudan orando por nosotros. Así muchos darán gracias a Dios por nosotros a causa del don que se nos ha concedido en respuesta a tantas oraciones*» (2 Corintios 1:9-11, el énfasis es mío).

Pablo siente que va a morir si no sale de este problema. Y les pide a sus amigos que oren por él. Parte de su seguridad, parte de su escape del problema, está encerrado en la oración de sus amigos por él.

¿Qué es la oración? Dicho de manera simple, la oración es la comunicación personal con Dios. Cuando estás volando, el capitán está en el avión contigo. No estás solo en el viaje. Y en nuestro caso, ¡Jesús no está demasiado ocupado volando el avión para escucharte!

◀ Comunicación con Dios

En un avión, hay un botón de llamada encima de tu asiento. Si necesitas ayuda, oprimes el botón y alguien de la tripulación vendrá a tu asiento y te preguntará: «¿En qué puedo ayudarle?»

¡Qué gran imagen! Pablo está en problemas y le dice a su tripulación: «¡Opriman el botón! Llamen a Dios por nosotros. ¡Necesitamos la ayuda de Dios, y pronto!»

La buena noticia es que cuando oramos, no vamos a sorprender a Dios. Jesús dijo que «su Padre sabe lo que ustedes necesitan antes de que se lo pidan» [Mateo 6:8].

Dios sabe. ¿Para qué me voy a molestar en orar? Por lo que la oración hace por nosotros. Mira las afirmaciones más claras de Jesús en cuanto a la oración:

> *«Ustedes deben orar así: "Padre nuestro que estás en el cielo, santificado sea tu nombre, venga tu reino, hágase tu voluntad en la tierra como en el cielo. Danos hoy nuestro pan cotidiano. Perdónanos nuestras deudas, como también nosotros hemos perdonado a nuestros deudores. Y no nos dejes caer en tentación, sino líbranos del maligno"» (Mateo 6:9-13).*

Con frecuencia denominada el Padrenuestro, esta oración es verdaderamente un gran modelo para nuestra comunicación con Dios. Nota el comienzo: *«Padre nuestro que estás en el cielo»*. Cuando vengo a Dios con lo que está sucediendo en mi vida, me recuerda que dependo de él para salir adelante. Dios es mi Padre. No está lejos, distante e intocable. Sí, él es el Dios del cielo. Él hizo todas las cosas y sostiene al mundo en su mano. No hay nadie como nuestro Dios.

Pero él es *mi* Padre. Él es mi *Padre*. El conocer a Dios gira alrededor de una relación, no de rituales vacíos. Jesús no está diciendo que cuando oras tienes que citar esta fórmula exacta para obtener lo que necesitas. A menudo oro el Padrenuestro, pero no es como decir abracadabra, o una receta mágica.

Se trata de la relación. Dios quiere que vengamos a él, una y otra vez, y que recordemos que debemos confiar en él. Podemos confiar en él. Él está dispuesto. La oración hace de esa verdad una realidad.

¿Da resultado la oración?

Recuerda, Dios ya sabe lo que necesitamos antes de que le pidamos. Sin embargo, la Biblia nos dice: «*Desean algo y no lo consiguen. Matan y sienten envidia, y no pueden obtener lo que quieren. Riñen y se hacen la guerra. No tienen, porque no piden. Y cuando piden, no reciben porque piden con malas intenciones, para satisfacer sus propias pasiones*» (Santiago 4:2-3).

Dios lo sabe todo y no lo puedes engañar. Mira la siguiente sección del Padrenuestro: «*venga tu reino, hágase tu voluntad en la tierra como en el cielo*».

Pide. Pide con frecuencia. Pide todo lo que se te ocurra. Dios quiere que vengas a él con todo, para mostrarle que dependes de él.

¡A veces no tenemos porque no pedimos! Jesús dijo: «*Pidan, y se les dará; busquen, y encontrarán; llamen, y se les abrirá. Porque todo el que pide, recibe; el que busca, encuentra; y al que llama, se le abre*» (Mateo 7:7-8).

No temas pedir mucho. Dios tiene más que suficiente para suplir todo lo que necesitas. *Necesitas*. Esa es la clave. Santiago escribió que cuando oramos, necesitamos mantener en claro nuestros motivos. Orar por motivos egoístas es perder el tiempo. Dios sabe lo que es mejor para nosotros y sabe qué no darnos, por nuestro propio bien.

Y no dejes afuera la persistencia. Hay algo grandioso cuando venimos a Dios durante un tiempo largo sin recibir una respuesta obvia. Te mantiene enfocado en lo que Dios quiere. Carmen y yo oramos durante años para tener hijos. Estuvimos casados durante nueve años hasta que apareció Jonás. Pedimos. Volvimos a pedir. Teníamos cientos de amigos orando con nosotros. No me podía dar cuenta de la razón por la que no podíamos tener hijos. Los exámenes médicos no revelaban ningún problema. Nada estaba mal con ninguno de los dos. Sin embargo, los hijos no venían. «Dios, ¿quieres que te sirvamos sin una familia? Sabes con qué desesperación queremos tener nuestros propios hijos. ¿Quieres que adoptemos? Dios, ¡no entiendo!»

Aún cuando hay silencio, Dios está trabajando detrás de bambalinas. Nunca me voy a olvidar del día que llegué a casa de un largo viaje a Inglaterra. Subí las escaleras exhausto, abrí la puerta de nuestro baño y me encontré con una habitación llena de globos y un mensaje escrito en lápiz labial en el espejo: «¡Bienvenido a casa, papá!»

¡Carmen estaba embarazada!

Dios proveyó en el momento justo. No era mi tiempo. Pero, en esencia, estábamos orando el Padrenuestro: «*venga tu reino, hágase tu voluntad en la tierra como en el cielo*».

Escúchame bien, tus oraciones serán determinantes. La oración no cambia el carácter de Dios. Él es amoroso, amable y bueno todo el tiempo. Pero la oración puede afectar los tiempos de Dios. Hay ejemplos en la Biblia en que Dios hace algo pronto, como respuesta a la oración de alguien que cree.

Hablando de los tiempos. Desde que tuvimos a Jonás hemos estado pidiendo otro hijo. Tres días antes de escribir este capítulo, volví a casa de otro viaje (nota la coincidencia) ¡y descubro que el bebé número dos está en camino! Otro recordatorio de que Dios es digno de nuestra confianza. Le pedimos. Dios proveyó ... ¡de manera hermosa!

> «*Ésta es la confianza que tenemos al acercarnos a Dios: que si pedimos conforme a su voluntad, él nos oye. Y si sabemos que Dios oye todas nuestras oraciones, podemos estar seguros de que ya tenemos lo que le hemos pedido*» (1 Juan 5:14-15).

Nota práctica: Conocer la Biblia no solo te proporciona municiones para rechazar los ataques de Satanás, sino que mejora tu vida de oración. Muchas veces oro una parte de la Biblia. Cuando no sé qué hacer y necesito dirección, oro Santiago 1:5 «*Si a alguno de ustedes le falta sabiduría, pídasela a Dios, y él se la dará, pues Dios da a todos generosamente sin menospreciar a nadie*». Cuando necesito alguna cosa específica (usualmente efectivo), oro el Padrenuestro: «*Danos hoy nuestro pan cotidiano*».

No hay fórmulas mágicas. Dios ya sabe lo que necesitas. Sin embargo, quiere que le demuestres de corazón tu confianza en él y en su amor por ti.

No hay fórmulas mágicas

Nota al margen: Fíjate en los pronombres que Jesús usa en su modelo de oración. Nosotros, nos y nuestro. La oración es personal. Es genial estar a solas con Dios y comunicarse con él. Pero hay verdadero poder cuando los seguidores de Jesús oran juntos. Sin avergonzarme, les pido a mis amigos que oren por mí y conmigo. De hecho, algunos de mis momentos más significativos en oración han sido con mis amigos más cercanos. Ora solo. Ora en grupo. ¡Ora!

Volviendo al Padrenuestro: «*Perdónanos nuestras deudas, como también nosotros hemos perdonado a nuestros deudores*».

¿Quieres que tus oraciones sean contestadas? Vive en obediencia a Dios. La desobediencia, o el pecado, destruye. Te aleja de una relación estrecha con Dios. Cuando oras, asegúrate de pasar tiempo con Dios pidiéndole perdón y que te ayude a perdonar a otros.

Dios quiere que seas libre. Guardar cosas contra otras personas solo carcome tu vida. Dios, en Jesucristo, te ha perdonado, aunque no lo merecías, y te llama a renunciar a los rencores y las heridas del pasado. Aferrarse a un resentimiento no cambia a la otra persona, pero llena tu propio corazón con odio y amargura, lo cual daña tu relación con Dios. Al orar, pídele a Dios que te revele las personas a quienes debes perdonar.

No será fácil.

Recuerdo que un líder de la iglesia me lastimó en mi penúltimo año de la secundaria. Dijo cosas de mí y de mi familia que no eran verdad. Pensé que era un malvado, un mentiroso y un farsante. Oraba todas las noches para que Dios les mostrara a otras personas quién era ese líder en realidad. Cada vez que lo veía, crecía mi enojo. «¿Cómo puede ese hipócrita de dos caras orar y enseñar la Biblia?»

Lo odiaba.

El odio es como un ácido. Cuanto más lo retienes, más te quema. No estaba afectando a la otra persona, pero me estaba matando a mí. Orando un día, me sentí confrontado por el Padrenuestro. Inmediatamente vino a mi cabeza este líder. «Perdónanos así como hemos perdonado».

¡Qué fuerte que fue eso! Yo tenía todo el derecho. Él, claramente, había actuado mal. «Dios, ayúdame a perdonarlo. Lamento haber sentido ese odio por él. Tú me has perdonado tantas cosas insensatas. Lo dejo en tus manos».

No me caía bien, pero comencé a orar para que Dios lo bendijera y lo fortaleciera. Con el tiempo ya no sentí el

123

dolor de sus palabras equivocadas. Ya había quedado en el pasado.

Años después me encontré con ese hombre en la calle. Yo sabía qué debía hacer. «Hace años», le dije, «tú dijiste algunas cosas de mí y de mi familia que no creo que fueran verdad. Por mucho tiempo no te pude perdonar. Solo te quiero decir que lamento haber tenido ese resentimiento hacia ti. ¿Me perdonas?»

«Porque si perdonan a otros sus ofensas, también los perdonará a ustedes su Padre celestial». (Mateo 6:14).

Finalmente, Jesús dijo: «*Y no nos dejes caer en tentación, sino líbranos del maligno*». Dios conoce el pasado, el presente y el futuro. Recuerda, la oración es la comunicación personal con Dios. Es hablar con él ... y escucharlo. Es una calle de dos vías.

El objetivo fundamental de la oración es el liderazgo de Dios. Cuando oro le estoy pidiendo a Dios que me aleje del pecado, de la tentación y del mal, y que me guarde cerca de él. Le pido a Dios que me mantenga en el camino correcto. Él lo desea desde antes que yo le pida.

Cuando le pido a Dios que me guíe, ando buscando su liderazgo en cada ocasión. Cuando no le pido, ando a tientas. Es tan fácil pasar un día, una semana, un mes sin tener un tiempo significativo de oración. He pasado por eso. Y te sientes vacío. Haz de la oración una parte de tu vida diaria. Pronto verás los beneficios.

Una última palabra con respecto a la oración: Dios no siempre contesta, al menos no de la forma que esperamos. Algunas veces dice claramente «No». Otras veces es «Sí, pero no ahora». A veces parece que no está escuchando. Persiste. Dios es el Padre de todos los que confían en Jesucristo. Tiene una relación contigo. Él está obrando según sus planes aunque, con frecuencia, no vemos ninguna evidencia.

El cáncer de mi prima continuó creciendo. Isabel tuvo momentos de alivio, pero el cáncer se propagó y finalmente murió. Con cientos de personas orando por su sanidad, Dios no contestó de la forma que deseábamos.

No sé por qué Dios no sanó a mi prima. Pero sí sé: Dios es fiel. Siempre sabe qué es lo mejor. Por eso sigo orando.

«Venga tu reino, hágase tu voluntad en la tierra como en el cielo»

11

Cómo aprovechar el viaje al máximo

Descubre el propósito de tu vida

«Bien, empecemos la fiesta».

Es lo primero que le escuché decir a la persona que iva sentada a mi lado, en el asiento del pasillo. Me había tocado el asiento del medio en un vuelo de Atlanta a la ciudad de Panamá. Lo último que quería hacer era hablar. Tenía mi Pod y un buen libro. Los próximos días en Panamá estarían llenos de reuniones, y necesitaba descansar.

Sin embargo, no dejé de notar que mi compañero había vuelto las páginas de la revista del vuelo a la sección donde estaba la lista de las bebidas permitidas.

«Mmm…, todavía no probé este escocés», dijo en voz alta.

Yo pensaba: «*este va a ser un vuelo muy largo*». Afortunadamente el pasajero en el asiento de la ventanilla, un hombre mayor, estaba escribiendo silenciosamente en un anotador.

A los diez minutos de estar en el vuelo, el fiestero comenzó a ordenar bebidas, un par de cervezas, algunos whiskeys en las rocas, y hojeaba una revista de golf.

Saqué mi libro, me puse los auriculares y me sentí feliz al desconectarme ... hasta que sentí un golpecito en el hombro.

«Noté que tienes un libro sobre Dios», dijo el fiestero. «Eso es bueno».

Esperaba un comentario sarcástico, incluso un debate a punto de comenzar.

«Hola, soy Lance».

«Yo soy José. Encantado de conocerte».

«¿A qué vas a Panamá?»

«Me voy a reunir con algunos pastores para hacer un festival de música ... un festival de música cristiana».

«¡Qué bueno!»

«Y tú, ¿para qué vas?»

«Para un torneo de golf».

Consumido por el golf

Resulta que Lance era un golfista profesional que iba a lanzar la temporada en la ciudad de Panamá. Mi curiosidad me llevó a preguntar. «¿Los golfistas profesionales, realmente leen las revistas de golf?» Si, las leen, me dijo Lance, ¡al menos para mantenerse al corriente de lo que la gente dice de ellos!

Hablamos sin parar durante el resto del vuelo de seis horas. Una vez que Lance se enteró de que yo era un predicador, nuestra conversación saltó rápidamente al terreno espiritual.

Lance había crecido oyendo hablar de Dios. Sus padres iban a la iglesia y él también, por un tiempo. Es lo que se hacía los domingos en su pueblo del sur.

Cuando tenía 10 años sabía que iba a ser profesional. Ganando torneo tras torneo, Lance apilaba los trofeos en su dormitorio. «Mi vida ha sido siempre el golf», dijo. Me pareció escuchar un toque de pesar en sus palabras.

Cuando me encontré con Lance camino a Panamá, él tenía 39 años y cuatro años de veterano en la gira de la PGA [Asociación Profesional de Golf]. Nunca llegó a ser un jugador de los más altos en el ranking, pero era constante. «Te sorprenderías de lo que sucede detrás del escenario, José», me confesó. Paré mis orejas.

Remordimiento

Después de contarme historias de fiestas, mujeres, victorias y derrotas, la arruga al costado de su ojo me mostró el remordimiento. La vida se había vuelto impredecible. Otro torneo, otra fiesta.

Eso cambió cuando conoció a una mujer cristiana. Se enamoraron y pronto se casaron. Se agregó a la familia un bebé después de dos años.

Estaban en familia de vacaciones en Hershey, Pennsylvania, cuando Lance, de repente, tuvo un colapso en un parque de diversiones. Pensó que estaba teniendo un ataque cardíaco, y con su familia cuidándolo, lleno de pánico, pensó que iba a morir.

Ese día su vida cambió. Por primera vez en su vida comenzó a pensar seriamente en su relación con Dios. Con la ayuda y el ánimo de su esposa, Lance puso su fe en Jesucristo para que lo perdonara y lo rescatara.

Eso había sucedido hacía seis años.

No pude evitar preguntarle: «¿Y qué pasó desde entonces?»

Aparte de ir al encuentro de los Atletas Cristianos los martes de cada gira, Lance había hecho muy poco para nutrir su fe. «Dos pasos hacia a delante, seis pasos hacia atrás», es la forma en que se describió. «Un golfista necesita trabajar los domingos», el día final de los torneos. Tenía razón.

«Mi vida está consumida por el golf. Pienso en eso todo el tiempo. Mis movimientos al jugar. El próximo torneo. Y estos días no he estado jugando muy bien. Te llega. Sé que Dios tiene algo para mí. Solo que no sé qué».

Lance tiene razón. No hay «accidentes» en el designio de Dios. Él hizo todo. Y todo tiene un propósito, una razón de ser.

Lance se fue un minuto al baño. El señor mayor del lado de la ventanilla me miró y sonrió. Evidentemente había estado escuchando toda nuestra conversación.

«Hola, mi nombre es Hill», dijo. «Parece que Dios quería que le hablaras a Lance».

Bill iba a Panamá en uno de sus muchos viajes misioneros. Se podía ver una chispa en sus ojos mientras hablaba de la tribu remota que él y algunos amigos habían visitado en los últimos años. Un oficial del gobierno les había advertido que esta tribu no era amistosa con los visitantes y tenía una historia de violencia.

Eso no desconcertó a Bill en absoluto. En su último viaje pasó un mes en su pueblo, cultivando relaciones y contando experiencias.

¿Por qué?

«José, por lo que yo sé, esta tribu no tiene una Biblia en su idioma. No hay una iglesia. Pocos han escuchado alguna vez de Jesús».

A estas alturas, Bill hablaba con la pasión de un adolescente. Tiene 67 años. «Casi no hago este viaje. Tuve algunos problemas médicos. Ves aquí, estoy escribiendo todo para mi esposa. No está bien para venir conmigo, pero le encanta leer los detalles cuando regreso».

«Mi doctor me dio permiso de venir. Mientras Dios me de fuerzas seguiré yendo».

Lance regresó a su asiento y le presenté a Bill. «Oye Bill, ¿puedes repetir lo que me acabas de decir?»

«Mientras Dios me de fuerzas seguiré haciendo estos viajes misioneros».

Bill ya se había dado cuenta con qué estaba luchando Lance: *¿Para qué existo?* Bill estaba retirado de su trabajo, pero no se consideraba un retirado. Él está en una misión para Dios.

Cerca del final del vuelo, Lance me dijo: «Sabes, los niños me toman como ejemplo. Podría contarles más de lo que Dios hizo en mi vida».

«Ese sería un buen comienzo», le dije. «Lance, la próxima vez que ganes un torneo y venga a verte la prensa, usa la oportunidad para darle crédito a Dios».

Lo que no era de imaginarse, Lance ganó el torneo ese fin de semana, el primero en años.

¿Coincidencia?

¿Qué tiene Dios preparado para ti?

Vale la pena averiguarlo. Mira el descubrimiento del apóstol Pablo de cómo obra Dios:

> «*Antes, ustedes estaban muertos para Dios, pues hacían el mal y vivían en pecado. Seguían el mal ejemplo de la gente de este mundo. Obedecían al poderoso espíritu en los aires que gobierna sobre los malos espíritus y domina a las personas que desobedecen a Dios.*
>
> *Antes nosotros nos comportábamos así, y vivíamos obedeciendo a los malos deseos de nuestro cuerpo y nuestra mente. ¡Con justa razón merecíamos ser castigados por Dios, como todos los demás! Pero Dios es muy compasivo, y su amor por nosotros es inmen-*

so. Por eso, aunque estábamos muertos por culpa de nuestros pecados, él nos dio vida cuando resucitó a Cristo. Nos hemos salvado gracias al amor de Dios, aunque no lo merecíamos. Dios, al resucitar a Jesucristo, nos resucitó y nos dio un lugar en el cielo, junto a él. Hizo esto para mostrar en el futuro la bondad y el gran amor con que nos amó por medio de Jesucristo. Ustedes han sido salvados porque aceptaron el amor de Dios. Ninguno de ustedes se ganó la salvación, sino que Dios se la regaló. La salvación de ustedes no es el resultado de sus propios esfuerzos. Por eso nadie puede sentirse orgulloso. Nosotros somos creación de Dios. Por nuestra unión con Jesucristo, nos creó para que vivamos haciendo el bien, lo cual Dios ya había planeado desde antes» (Efesios 2:1-10, BLS).

Estoy citando todo esto para que no te equivoques. Tú y yo no merecíamos el regalo de Dios y su perdón. Estábamos condenados. Pero Dios tuvo misericordia de nosotros.

Cuando confiaste en Jesucristo para que te rescatara, cuando creíste, Dios te cambió. Ahora eres la creación magistral de Dios. Puede no parecer cuando te miras en el espejo. Tu libreta de calificaciones puede ser mediocre.

Pero Dios te ha separado como su proyecto maestro. Ante sus ojos, ¡eres una obra maestra! No puedes atribuirte el crédito por eso. Fue, y siempre será, un regalo. Dios te da el regalo del perdón y la vida cuando confías en él. Tú simplemente lo recibes. Eso es todo.

Por eso, no importa lo que Dios tenga preparado para ti, no queda lugar para alardear.

Jesús te cambia en el momento en que crees. Tienes paz con Dios. Eres perdonado completamente. Estarás con Dios por siempre porque ese es su regalo.

Pero, ¿qué hago ahora? La respuesta está en la última oración citada: *«Por nuestra unión con Jesucristo, nos creó para que vivamos haciendo el bien, lo cual Dios ya había planeado desde antes».*

Dios había planeado rescatarte.

También ha planeado «el bien» para que vivamos haciéndolo.

Dios te hizo una nueva persona para que hagas esas cosas.

¿Por qué? Porque él es Dios. Y a él le encanta tomar a la gente quebrantada, arreglarlas y hacer algo hermoso con sus vidas.

◀ ¿Pero qué hago ahora?

Por favor no te confundas. Debemos preguntarle a Dios qué quiere que hagamos, pero no porque le debemos algo. La salvación es un regalo. Nunca podrás devolverle a Dios lo que le debes, ni siquiera trabajando para él por el resto de tu vida. La deuda de nuestro pecado es demasiado grande.

Debemos vivir haciendo el bien porque estamos agradecidos a Dios por lo que ha hecho por nosotros. La gente agradecida quiere seguir el liderazgo de Dios.

¿Quién sabe lo que te tiene preparado Dios para que hagas? Puede ser gigante y todos enterarse. Pero probablemente sea sutil, y solo unos pocos sepan lo que haces en el nombre de Jesús.

Al final, Dios recibe todo el crédito por lo que hace en y por medio de nosotros.

Mi historia

Siempre he sido muy hablador. De niño era el payaso de la familia. Siempre hacía algo para que se rieran.

Y me encanta hablar. Mi pobre madre, no sé cómo me aguantaba. Me levantaba vociferando y no paraba hasta que mi cabeza tocaba otra vez la almohada. Me podías haber llamado el muchacho con muchas cuerdas. Demasiada energía con una boca grande, una combinación peligrosa.

Puse mi fe en Jesucristo cuando tenía siete años. Mis padres me habían enseñado de Jesús y asistíamos regularmente a una hermosa iglesia. Diana, una amiga de la familia que había sido maestra de Escuela Dominical, dice que cuando yo tenía ocho años decía que sería un predicador algún día.

Yo no lo recuerdo. Pero desde temprano sentí dentro de mí que lo que debía hacer era contarles a otros de Cristo. En octavo grado fui a una escuela cristiana. Fue el único año que fui a una escuela cristiana. Al mirar hacia atrás puedo ver el obrar de la mano de Dios.

Dolores Whimple era mi maestra. Había sido misionera y siempre animaba a sus estudiantes a estar abiertos a lo que Dios nos enviara a hacer. Tuvo una gran influencia sobre mí.

Hablaba de lo que Dios estaba haciendo en África, y nuestra iglesia iba a enviar un equipo ese verano a África. No me preguntes cómo sucedió, pero me acuerdo que estaba sentado en mi escritorio, convencido que Dios quería que yo fuera a África como misionero.

«Mamá, Papá», les anuncié cuando llegué a casa, «voy a dejar la escuela y me voy a servir a Dios en África». Aclaro que nunca había estado allí. No tenía dinero. Y obviamente ¡no tenía una educación!

Afortunadamente mis padres no aplastaron mi idea. «¿Sabes qué, José? Si Dios quiere que vayas a África te lo dejará ver claramente. Pero por ahora, ¿por qué no terminas tu octavo grado?»

Había dejado a África en el mechero de atrás cuando tomé unos palitos de batería por primera vez. Mi mamá nos hacía tomar clases de música. ¿*Piano*? No. ¿*Guitarra*? Demasiado complicada. Tomé unos palitos para tocar batería y no los volví a dejar.

En la secundaria, siempre tenía un par de palitos en mi mochila, asi como de la revista *Modern Drummer* y catálogos de baterías. Solo pensaba en eso. Tocaba la batería en la escuela, en casa y en la iglesia.

Si cuando tenía 15 años me hubieras preguntado «¿Qué vas a hacer cuando te gradúes?», te hubiera dicho que iba a ser un baterista en una banda de rock cristiano, de gira por el mundo contándole a la gente acerca de Jesús.

La parte de «contarle a la gente acerca de Jesús» no cambió. ¡Solo dejé la idea de África por una batería! Cuando cumplí los 16, comencé a hablar durante nuestros conciertos. Poco a poco, pero con seguridad, iba hablando más que lo que tocaba. La transición fue una lucha para mí. Había vivido, respirado y soñado tocando la batería. Sin embargo, mientras oraba y pensaba en eso, sentía que Dios me encaminaba para ser un orador, más que un músico.

135

◀ Relámpagos en el cielo

Les hablé a mis padres de eso. Hablé con otros cristianos que me conocían bien y en quienes confiaba. Ellos vieron el cambio en mí y me animaron a seguir la guía de Dios.

Suena trivial, pero era una decisión difícil para mí. Había planeado ir a la escuela de música y ser un baterista profesional. Sin embargo, de repente, estaba solicitando el ingreso en escuelas Bíblicas.

No había relámpagos en el cielo ni voces audibles. Dios me comunicó su plan para mí de formas pequeñas. Primero tenía el deseo de ir a África. Luego de tocar la batería seguido por una inclinación hacia la predicación. Es difícil de describir, pero algo dentro de mí me dio paz de ir en cierta dirección.

¿Sabes qué? He estado en África compartiendo las Buenas Noticias de Jesús. Y de vez en cuando toco la batería. Pero la mayor parte de mi tiempo lo paso viajando por los Estados Unidos y muchos lugares del mundo, hablando a audiencias de cómo pueden conocer a Jesús de forma personal.

Para descubrir el propósito de Dios para ti se combinan lo natural y lo sobrenatural. Naturalmente, siempre he tenido inclinación hacia las cosas «en el escenario» o «desde adelante». Siempre me ha gustado hablarle a las multitudes, conocer a nuevas personas e ir a lugares nuevos.

Dios me ha diseñado para lo que él quiere que yo haga. Y te ha diseñado a ti naturalmente para algo que es perfecto para ti. Es muy posible que lo que Dios te tiene preparado encaja con algunos de tus talentos y dones naturales. No siempre es el caso. A veces Dios quiere estirarnos un poco y ver si confiaremos en él en áreas donde somos débiles. Pero con mayor frecuencia, tus dones naturales y tus pasiones son parte del plan y del propósito de Dios para ti.

Luego está el elemento sobrenatural. Dios te llamará de formas obvias y sutiles, para llevarte en la dirección correcta. Lo que con frecuencia comienza como una pantalla borrosa, gradualmente se vuelve claro. Mi vida es totalmente diferente de lo que hubiera imaginado cuando estaba en octavo grado. Pero al mirar atrás, también veo como poco a poco, Dios afiló el enfoque de mi vida.

Dios tiene buenas cosas planeadas para ti. Eso puede significar casarte algún día y criar hijos que lo conozcan a él. Puede ser una carrera. Para algunos es el llamado a servir a Jesús en un ministerio específico: para pastorear una iglesia, servir como misionero, enseñar en una escuela.

Tu viaje es único, trazado por Dios expresamente para ti. Para algunos, el plan de Dios parece una línea recta. Para otros, es como un laberinto. Dios teje las vueltas y los giros para hacer algo hermoso.

Dejo que Dios me use

¿Qué hago? ¿Esperar que Dios disponga todo, o resuelvo solo mis problemas?

Mira lo que dice Jesús:

«No vivan preocupados pensando qué van a comer, qué van a beber o qué ropa se van a poner. ¿Acaso la vida consiste solo en comer? ¿Acaso el cuerpo solo sirve para que lo vistan? Miren los pajaritos que vuelan por el aire. Ellos no siembran ni cosechan, ni guardan semillas en graneros. Sin embargo, Dios, el Padre que está en el cielo, les da todo lo que necesitan. ¿Acaso no son ustedes más importantes que ellos?»

«¿Creen ustedes que por preocuparse vivirán un día más? Aprendan de las flores que están en el campo. Ellas no trabajan para hacerse sus vestidos. Sin embargo, les aseguro que ni el rey Salomón se vistió tan bien como ellas, aunque tuvo muchas riquezas».

«Si Dios hace tan hermosas a las flores, que viven tan poco tiempo, ¿acaso no hará más por ustedes? ¡Veo que todavía no han aprendido a confiar en Dios!»

«Ya no se preocupen preguntando qué van a comer, qué van a beber o qué ropa se van a poner. Solo los que no conocen a Dios se preocupan por eso. Ustedes no se desesperen por esas cosas. Su Padre que está en el cielo sabe que las necesitan. Lo más importante es que reconozcan a Dios como único rey, y que hagan lo que él les pide. Todo lo demás, él se los dará a su tiempo» (Mateo 6:25-33, BLS).

Vive para él. Haz que tu objetivo sea buscar la perspectiva de Dios en tus decisiones de hoy, tanto pequeñas como grandes. Y «no te preocupes». Cuando busques a Dios hoy, él te dará todo lo que necesitas para honrarlo y cumplir su

137

plan hoy. Mañana haz lo mismo. Con el tiempo te resultará habitual.

No tienes que presionarte para saber cómo van a funcionar las cosas hoy. Dios te ha dado el hoy para cumplir con sus propósitos. Ahora, espero que llegues a leer el resto de mi libro. Espero que vivas décadas. Pero no hay ninguna seguridad. Lo único que tienes es hoy.

Busca la dirección de Dios hoy. Y mañana. Y al día siguiente. Jesús nos dice claramente que «tu Padre celestial ya conoce todas tus necesidades» de antemano.

Lance está metido en su carrera de golf profesional, preocupado por su juego y su futuro. Espero que nuestro breve tiempo juntos lo haya ayudado a ver que hay alegría y satisfacción, cuando mantenemos nuestra mira en las cosas de Dios en su reino.

Encontrar el propósito de tu vida es un descubrimiento progresivo. Deja que Dios te guíe. ¡Y él lo hará!

12

Hay más asientos disponibles

Siempre hay lugar

Dios usará a cualquiera. Tiene una forma de tomar aun a las personas menos probables y transformarlas en líderes útiles.

Esta lección se fijó en mi cabeza en sexto grado. Mi familia se acababa de mudar a un barrio nuevo en Staten Island, Nueva York. Cruzando la calle desde mi casa había un patio de una escuela donde todos jugaban básquetbol. Me encantaba mezclarme con los estudiantes de más edad.

Jeff Moore vivía en la misma calle. Tenía 18. Yo tenía 11 y mi hermano Miguel, 12. Era el verano después de la graduación de Jeff de secundaria. Era una estrella en la ciudad, corría carreras pedestres. Buen mozo, atlético. Y con el mundo por delante. No me preguntes por qué Jeff andaba con nosotros. Al mirar atrás, si hubiera sido él, yo no hubiera estado con nosotros. Cualquiera fuera la razón, Jeff llegó a ser como un hermano mayor para nosotros durante ese verano.

Un día tormentoso de agosto, empapado, Jeff se detuvo en casa de camino a la suya. Me acuerdo claramente que estaba de pie entre nuestra cerca roja y la camioneta azul estacionada en la entrada.

Parados allí, de alguna manera llegamos a una conversación espiritual. No me preguntes cómo comenzó. Antes que te dieras cuenta, dos bribones como nosotros, mi hermano y yo, estábamos compartiendo nuestra fe con Jeff. Dos niños versus un graduado de secundaria.

Dios estaba con nosotros. Con tanta osadía y claridad como pudimos, le contamos a Jeff cómo Jesús había cambiado nuestras vidas. Y Jesús quería cambiar la suya también. Ese fue nuestro pequeño mensaje.

Antes de que Jeff se fuera a su casa le preguntamos «Jeff, ¿qué piensas? ¿Estás listo para que Jesús te cambie?»

«No lo sé», contestó, «pero voy a ir a casa y lo voy a pensar». La conversación terminó con la puesta del sol.

A la mañana siguiente habíamos planeado una salida a la piscina de la comunidad, a unas millas de casa, para nadar. Mis padres no nos dejaban ir sin Jeff. Los tres nos zambullimos, nadamos y escapamos del agobiante calor. Fue grandioso, por un rato.

Fuimos cada uno por nuestro lado a comer el almuerzo. Cuando volvimos a la piscina, Jeff había encontrado a unos amigos. Miguel y yo seguimos por nuestro lado.

Como una hora más tarde vi una conmoción del otro lado de la piscina. Los salvavidas estaban sacando a alguien de la piscina. Fui corriendo para ver mejor, no lo pude creer. Era Jeff.

¡Tenía que ser una broma! Lo estaba esperando para saltar y que todos gritaran. En lugar de eso, me quedé de pie mirando a los salvavidas golpear su pecho mientras le daban respiración de boca a boca una y otra vez.

Los paramédicos llegaron a los veinte minutos. Jeff fue declarado muerto inmediatamente. Vimos a nuestro amigo morir. Se fue a la eternidad frente a nuestros tiernos ojos.

Después de días de lágrimas, me di cuenta de algo. La noche antes de que Jeff se fuera a la eternidad, Dios nos había abierto la puerta para que mi hermano y yo compartiéramos las buenas noticias de Jesús. ¿Respondió Jeff poniendo su confianza en Dios? Eso espero, pero no lo sé.

No es asunto tuyo

Los seguidores de Jesús quedaron conmocionados ante la crucifixión. No es lo que esperaban. A pesar de que Jesús les había advertido cuándo y cómo moriría, ellos pensaban que Jesús iba a tomar el gobierno político. Esperaban una victoria, no un funeral.

Tal como él lo prometiera, Jesús se levantó al tercer día.

«Después de padecer la muerte, se les presentó dándoles muchas pruebas convincentes de que estaba vivo. Durante cuarenta días se les apareció y les habló acerca del reino de Dios. Una vez, mientras comía con ellos, les ordenó: —No se alejen de Jerusalén, sino esperen la promesa del Padre, de la cual les he hablado: Juan bautizó con agua, pero dentro de pocos días ustedes serán bautizados con el Espíritu Santo.

Entonces los que estaban reunidos con él le preguntaron: —Señor, ¿es ahora cuando vas a restablecer el reino a Israel?

—No les toca a ustedes conocer la hora ni el momento determinados por la autoridad misma del Padre --les contestó Jesús—» (Hechos 1:3-7).

Estos seguidores vieron a Jesús en persona. Habló, comió y anduvo con ellos. Y su mensaje se enfocaba en el «reino de Dios». Jesús tenía en su mente la obra de Dios. Ahora que el pecado había sido totalmente pagado, ¿cómo se iba a llevar este mensaje a las naciones?

Jesús estaba listo para darles su misión de vida. Hasta ese momento habían sido solo oidores. Ahora Jesús estaba enviándolos como líderes, mensajeros de las buenas noticias.

Estos seguidores no tenían idea de lo que estaba por suceder. Entonces le preguntaron a Jesús: «¿Vas a echar a los romanos y devolver esta tierra a los judíos?» Era una pregunta honesta. Los judíos esperaban que su Salvador, el Mesías, restaurara la nación judía. Pero los planes de Jesús iban más allá de la política y las tierras. ¡Él apuntaba a los corazones!

«Señor, ¿cuándo vas a arreglar las cosas?», le preguntaban.

«Eso no es asunto de ustedes», responde Jesús con firmeza. «Dios tiene los tiempos en su lugar», les dijo. Dios nunca se sorprende. Cuándo y cómo Dios hace lo que hace no debería ser nuestra preocupación primordial.

¿Qué quiere Dios que tú hagas con tu vida? Buena pregunta. Puedes confiar en esto: si has creído que Jesús te rescata y te guía, entonces las fechas y los tiempos ya están en su lugar.

Sigue a Jesús y él te guiará para hacer todo lo que él ha preparado. ¡Es un pensamiento liberador! Mientras tenga que estudiar, trabajar duro y prepararme, lo que Dios quiere que haga está en sus manos. Si sigo preguntando, con el tiempo él me lo mostrará.

Herramientas de fuerza

Yo crecí en la ciudad de Nueva York. Durante unos pocos años tuvimos césped, pero no sé nada de jardinería o cosas así. Si buscas una gran pizzería, con eso si te puedo ayudar.

Carmen y yo compramos nuestra primera casa hace algunos años, y el jardín que daba al frente estaba cubierto con polvo de corteza. Después de dos años de mirar eso tan desagradable, mi esposa decidió que sería mejor tener pasto para caminar. No la culpo por habérmelo pedido, pero yo no sabía cómo hacerlo.

Tomé un rastrillo y saqué el polvo de corteza. Hasta allí, todo estaba bien. Luego usé una pala para mover la tierra y poner el piso a nivel. No estaba plantando semillas, había elegido el césped enrollado. Me imaginé que tenía que nivelar el piso y desenrollar los rollos de césped. ¡Pasto instantáneo!

Mi vecino me vio por la ventana y me dijo «José, ¿qué estás haciendo?»

«Estoy poniendo césped».

«¿No vas a arar el terreno?»

«¿*Hacer qué* al terreno?»

«Ararlo. Tienes que remover la tierra para que el pasto fije sus raíces».

«Bueno, ¿cómo lo hago?»

«Ve a Home Depot y alquila un arado a rotor».

Así que allá me fui a Home Depot a alquilar un arado de rotor. Aclaro que tenemos un pequeño jardín al frente y otro pequeño al fondo, pero yo llegué con el arado más grande que tenían. La persona que me lo alquiló me dijo que era bien simple usarlo. «Tira de la correa para encenderlo. Cuando el motor esté en marcha, presiona la manija y hará el trabajo por ti».

Parecía muy simple. Fui al patio del frente, tiré de la correa y el motor comenzó a rugir. Tomé la manija y esta cosa despegó. Me arrastró por el jardincito. Casi me mato con esta bestia.

Fuerza. Poder. Me hubiera llevado horas hacer el trabajo con una pala. Con el poder del arado de rotor, me llevó 10 minutos. Terminé haciendo tambien el jardín trasero y ya quería hacer los jardines de todo el vecindario. Estaba descontrolado. Gracias a Dios por mi esposa que me dijo que devolviera esa máquina. Nadie me había dicho cuánto más fácil era con esta herramienta de fuerza.

Eso es lo que en realidad Jesús les estaba prometiendo a sus seguidores, una herramienta de fuerza. Les dio un mandamiento:

> «Jesús se acercó entonces a ellos y les dijo: —Se me ha dado toda autoridad en el cielo y en la tierra. Por tanto, vayan y hagan discípulos de todas las naciones, bautizándolos en el nombre del Padre y del Hijo y del Espíritu Santo, enseñándoles a obedecer todo lo que les he mandado a ustedes. Y les aseguro que estaré con ustedes siempre, hasta el fin del mundo» (Mateo 28:18-20)

Pero ¿cómo unos pocos podrían encargarse de una tarea tan grande?

Vidas llenas de poder

Poder. Jesús prometió a sus seguidores la fuerza para vivir y llevar el mensaje de perdón a todos, en todas partes.

No te puedo decir específicamente lo que Dios tiene para tu vida. Pero confío en esto: cuando Jesús te rescata, recibes el Espíritu Santo. Y el Espíritu Santo quiere darte el poder para testificar.

> «Pero cuando venga el Espíritu Santo sobre ustedes, recibirán poder y serán mis testigos tanto en Jerusalén como en toda Judea y Samaria, y hasta los confines de la tierra. Habiendo dicho esto, mientras

ellos lo miraban, fue llevado a las alturas hasta que una nube lo ocultó de su vista» (Hechos 1:8-9).

¿Cómo se difundió el mensaje de Jesús? Por medio de este pequeño grupo de seguidores, sin educación, hombres y mujeres comunes que confiaron en Jesús y recibieron el Espíritu Santo. El plan de Jesús era y es simple. El Espíritu Santo le dará a los seguidores de Jesús la habilidad de comunicar las buenas noticias a aquellas personas cercanas a ellos, a sus comunidades, a sus países y a toda cultura. Eso es «toda Jerusalén, Judea, Samaria y hasta los confines de la tierra».

Eso es exactamente lo que le sucedió a su grupo de seguidores. Mientras estaban orando, el Espíritu Santo vino sobre ellos, y compartieron con una multitud curiosa lo que habían visto y oído. Jesús murió por los pecados, fue enterrado y se levantó para rescatarnos. Jesús está vivo y ofrece el regalo de la vida eterna a quienes confíen en él.

145

El primer día, 3.000 personas creyeron en Jesucristo. No estaba mal para comenzar. Lee el resto del libro de los Hechos de los Apóstoles y verás que las buenas noticias de Jesús se difundieron en el mundo conocido antes de que murieran.

Sucedió en su generación, y puede suceder en la nuestra.

¿Qué requerirá? Obediencia al claro mandato de Dios. Jesús nos dijo que le seríamos testigos. Si has experimentado el perdón de Dios tienes algo que contar. Tienes un «testimonio». Puedes contar lo que has visto y oído. Puede que no lo sepas todo, pero tampoco lo necesitas.

Por amor, no por culpa

Dios no está tratando de que fracasemos. Recuerdo que iba de puerta en puerta, en la ciudad de Nueva York, siendo un adolescente, y contaba mi testimonio a quienes quisieran escucharlo. La mayoría no quería. Pocos me daban un «sí» inmediato a las buenas noticias.

Si tenemos esa clase de acogida, ¿para qué seguir? Amor. Cuando te das cuenta de todo lo que Dios ha hecho por ti, comienzas a ver a la gente de forma diferente. Como Dios la ve. Perdida y necesitada de ayuda.

> «El amor de Cristo nos obliga, porque estamos convencidos de que uno murió por todos, y por consiguiente todos murieron. Y él murió por todos, para que los que viven ya no vivan para sí, sino para el que murió por ellos y fue resucitado. Así que de ahora en adelante no consideramos a nadie según criterios meramente humanos. Aunque antes conocimos a Cristo de esta manera, ya no lo conocemos así» (2 Corintios 5:14-16).

Es más fácil sentarte y mantener tu relación con Dios para ti mismo. La mayoría de nosotros necesitamos salir de nuestra zona cómoda. Como Jesús murió para salvarnos, y cuando creímos en él morimos a nuestra propia manera de vivir, ya no debemos vivir para nosotros mismos sino para Jesús.

Resultado final: vemos a la gente de forma diferente. Ya no tenemos la actitud de tipo «soy mejor que tú». No es el punto de vista «yo tengo todo claro y sé qué es lo mejor para ti». Ni siquiera el punto de vista «yo tengo razón y tú estás equivocado», a pesar de que en Jesús sí conocemos la verdad. Más bien es un punto de vista de tipo «¡guau, tienes que conocer lo bueno que es Dios!»

Eso es lo que le sucedió a mi hermano Rafael. Siempre ha hecho ejercicios en un gimnasio. Después de haber creído en Jesús se unió a una iglesia que maneja un gimnasio. La iglesia es dueña del gimnasio, pero lo usa la gente de la comunidad. Durante tres temporadas tomó un trabajo de medio tiempo allí: Primero, le gusta hacer ejercicios. Segundo, es una oportunidad de servir. Él no es un predicador (aún). Es más discreto en cuanto a las cosas personales que otros. Pero al ayudar a la gente, está buscando activamente una oportunidad para servir. Puede que sea simplemente enseñando un ejercicio u ofreciendo una toalla. Tercero, es su mejor lugar para testificar. La gente entra en conversación y es fácil contar su historia. Como él es bastante nuevo, la gente le pregunta cómo se conectó con el gimnasio. «Permíteme contarte», les dice. «Hace un año no hubiera pensado que estaría en una iglesia. Pero ...» Rafael es respetuoso. Es amable. Pero también es sincero. Al construir relaciones con los clientes en el gimnasio ha podido llegar a tener conversaciones espirituales. Rafael es un testigo.

Nuestro mensaje

¿Qué digo? Si se me abre la puerta para hablar de Jesús, ¿qué le digo a la gente?

El apóstol Pablo le recordó a un grupo de gente en la ciudad de Corinto cuál es el corazón de nuestro mensaje:

> «Porque ante todo les transmití a ustedes lo que yo mismo recibí: que Cristo murió por nuestros pecados según las Escrituras, que fue sepultado, que resucitó al tercer día según las Escrituras, y que se apareció a Cefas, y luego a los doce» (1 Corintios 15:3-5).

¿Qué es el evangelio, las buenas noticias? Cristo murió por nuestros pecados y se levantó otra vez. Esa es la verdad del mensaje de Dios en una oración. Jesús murió, según las Escrituras. Toda la Biblia señala ese hecho. Jesús se levantó, de acuerdo a las Escrituras. Este no fue un accidente. Fue la prueba de Dios para nosotros de que puede y nos ha de levantar también a nosotros. Si Dios aceptó a Jesús y lo trajo de vuelta a la vida, entonces Dios tomará a un pecador muerto espiritualmente como yo y me dará vida eterna.

Mi buen amigo Greg Stier, lo resume así para ayudarnos a recordar y explicar claramente el mensaje del evangelio. Estoy seguro que te será útil.

El recorrido del evangelio

Dios nos creó para estar con él (Génesis 1-2).

Nuestros pecados nos separaban de Dios (Génesis 3).

Los pecados no se pueden sacar con buenas obras (Génesis 4 hasta Malaquías 4).

Jesús murió y resucitó para pagar el precio del pecado (Mateo hasta Lucas).

Todos los que creen solo en él tienen vida eterna (Juan hasta Judas).

La vida eterna significa que estaremos con Jesús para siempre en el cielo (Apocalipsis).

El contenido no cambia. No es mi mensaje, es de Dios. Lo divertido es tomar lo que Dios ha hecho y explicarlo en mis propias palabras.

¿Qué sucedió cuando me di cuenta de que había sido creado para conocer a Dios?

¿Cuándo me di cuenta de que era un pecador y estaba separado de su amor? Cuando me enteré de que Jesús había pagado mi castigo por mi pecado ¿cómo respondí? ¿Qué diferencia ha hecho en mi vida el creer en Jesucristo?

Cómo se llenan los asientos

Solo he volado una vez en las Aerolíneas de Singapur, en un vuelo desde San Francisco a Chennai, India. Fue uno de los vuelos más largos pero que más disfruté. Cuando la gente me pregunta cuál es la mejor aerolínea en que he viajado, les digo, sin dudar, Aerolínea de Singapur. La compañía no me paga, pero les he mandado un montón de clientes.

¿Por qué? La experiencia fue grandiosa. Asientos cómodos. Buena comida. Servicio excelente. Aerolínea de Singapur es tan buena que quiero que todos lo sepan.

Soy un cliente satisfecho y no me avergüenzo de decirlo.

Dios satisface. Él llama a las personas a seguirlo, no nosotros. Dios pagó el precio para rescatarlas, no nosotros. Dios quiere rescatar a todos los que crean en él. Esos son los hechos.

Pero por alguna razón alocada, Dios nos ha confiado a ti y a mí contarle su mensaje a otros.

En resumen: los otros no van a oír hasta que nosotros les digamos. «*Dios estaba ... encargándonos a nosotros el mensaje de la reconciliación. Así que somos embajadores de Cristo, como si Dios los exhortara a ustedes por medio de nosotros*» *(2 Corintios 5:19-20).*

 **En resumen**

Hay asientos vacíos en este avión. Estás a bordo, por lo tanto eres un testigo. Has recibido el poder de Dios para vivir las buenas noticias y contarlas. No tienes que hacerlo por tus propias fuerzas. Olvida la pala. Agarra el arado a rotor ¡y míra a Dios trabajar!

[Si nunca te has puesto a pensar en la forma de contar tu testimonio a otros, da vuelta la página para ver un ejercicio fácil].

Mi testimonio

Usa este bosquejo para planear tu testimonio. Bajo cada uno de los puntos principales enumera las cosas más importantes que quieres que otros sepan acerca de tu vida y tu relación con Dios. El organizar tu testimonio te ayudará a relatar tu historia a otras personas.

Así era mi vida antes de creer en Jesús.

_____
_____
_____
_____
_____
_____
_____
_____
_____
_____

Así creí en Jesús.

_____
_____
_____
_____
_____
_____
_____
_____
_____
_____

Así es mi vida desde que creí en Jesús.

_____
_____
_____
_____
_____
_____
_____
_____
_____
_____

13

Prepárate para aterrizar

Los viajes nos llevan a un destino

Para matar el tiempo en un vuelo largo, tomé la revista del avión. «Tres días perfectos en Jamaica». El título perfecto para cualquier pasajero en vuelo hacia el frígido Chicago. El artículo solo abarcaba seis páginas con montones de fotos. ¡Ni hablar del artículo! Solo ver las fotos me hizo pensar que estaba en el avión equivocado.

Jamaica, un paraíso tropical. Jamás estuve allí, pero los relatos de esos testigos oculares despertaron mis ganas.

Jesús le dijo a sus discípulos:

«No se angustien. Confíen en Dios, y confíen también en mí. En el hogar de mi Padre hay muchas viviendas; si no fuera así, ya se lo habría dicho a ustedes. Voy a prepararles un lugar. Y si me voy y se lo preparo, vendré para llevármelos conmigo. Así ustedes estarán donde yo esté. Ustedes ya conocen el camino para ir a donde yo voy» (Juan 14:1-4).

¿Cómo será el cielo? Es decir, ¿hay casas grandes? La banda Audio Adrenalina trató de describirlo en su canción «La Casa Grande».

Ven, vamos a la casa de mi Padre.

Ven, vamos a la casa de mi Padre.

Una casa grande, grande con muchas, muchas habitaciones.

Una mesa grande, grande con mucha, mucha comida.

Un jardín grande, grande para que podamos jugar fútbol.

Una casa grande, grande es la casa de mi Padre.

Es una canción divertida que habla de la especulación de siglos en cuanto a cómo será el cielo. ¿Fútbol en el jardín? No lo sé. A pesar de que la Biblia nos da información suficiente acerca del cielo para convencernos que es un lugar deseable para estar, los detalles son pocos.

En última instancia, hablar del cielo es hablar de esperanza.

La vida en la tierra puede parecer un infierno, pero Jesús nos ha prometido un lugar mejor. Si vives una vida cómoda en Estados Unidos, toda esta charla del cielo debe parecer una muletilla. Las cosas son bastante buenas aquí. ¿Para qué hablar de la vida después de la muerte?

Parece un infierno

Estaba visitando a una tribu remota en el norte de Uganda. Si alguna vez quisiste saber dónde está el fin del mundo, creo que yo lo encontré allí. Nadie más en millas alrededor.

Me llevaron a una iglesia pequeña, con unos cien chicos sentados a la sombra de unos árboles plantados cerca del edificio. Planeaba comunicar las buenas noticias de Jesús, pero esa mañana aprendí una lección. Hablar del cielo es hablar de esperanza.

Salí del auto y escuché a esos preciosos niños cantando la canción de Audio Adrenalina «¡Ven, vamos a la casa de mi Padre!» Cantaban con todo el corazón y hacían con sus manos ademanes muy dulces tratando de mostrar lo grandioso que debe ser el cielo.

Niños que no tenían nada. Harapos en lugar de ropa. Pocas posibilidades de lograr una educación. Pero llenos de esperanza. Muchos de esos niños confiaron en Jesús esa mañana. Allí, en medio del olvido, se aferraron a la promesa de Dios, el cielo.

Próxima parada: El cielo

¿Cuándo te enfrentarás con la eternidad? Es una pregunta capciosa. Solo el Padre sabe el día y la hora. Como mi amigo, Jeff Moore, ninguno de nosotros sabe exactamente cuándo nos iremos de esta tierra hacia el mundo real. De hecho, hay solo dos opciones: morirás o Jesús volverá.

Después de haberme enfrentado con la posibilidad real de la muerte algunas veces, te puedo decir que la promesa del cielo te da una esperanza tangible. En ese vuelo que hizo un aterrizaje de emergencia en Maine, tuve bastante tiempo para pensar en mi vida. Fácilmente pasaron 20 minutos desde el momento en que el capitán nos dijo que había un problema mecánico, hasta que aterrizamos.

Veinte minutos para pensar en el fin. La realidad es que no tenía miedo. Pensé en mis últimas palabras a Carmen. Todavía no éramos padres, y pensé en el hecho de que ella quería tener hijos conmigo. Algo de lo cual habíamos hablado durante años.

En ese momento sentí tristeza en mi corazón, pero tenía la paz de Dios. Sabía que Jesucristo había quitado mi pecado y que sus promesas son ciertas. El cielo estaba a unos pasos. Yo estaba listo.

Mira la promesa a quienes mueren habiendo confiado en Jesús:

> «Hermanos, no queremos que ignoren lo que va a pasar con los que ya han muerto, para que no se entristezcan como esos otros que no tienen esperanza. ¿Acaso no creemos que Jesús murió y resucitó? Así también Dios resucitará con Jesús a los que han muerto en unión con él» (1 Tesalonicenses 4:13-14).

El seguidor de Jesús no tiene de qué preocuparse. El mismo Dios que nos rescató del pecado nos llevará a su hogar celestial. «Si vivimos, para el Señor vivimos; y si morimos, para el Señor morimos. Así pues, sea que vivamos o que muramos, del Señor somos» (Romanos 14:8).

Quiero vivir una vida larga. Espero llegar a los tres dígitos. Hay muchas cosas que quiero ver y hacer. Pero, ya sea que Dios me permita llegar a los 100, o no tenga otra semana, el resultado final es el mismo. Estaré con Jesús. «Y así como está establecido que los seres humanos mueran una sola vez, y después venga el juicio, también Cristo fue ofrecido en sacrificio una sola vez para quitar los pecados de muchos; y aparecerá por segunda vez, ya no para cargar con pecado alguno, sino para traer salvación a quienes lo esperan» (Hebreos 9:27-28).

No hay una segunda oportunidad. No hay una segunda vez. Cuando muera seré juzgado por Jesús.

Jesús volverá

La otra opción es que todavía estaré vivo cuando Jesús regrese a la tierra. Cuando Jesús se fue de la tierra, los ángeles les dijeron a sus seguidores «Este mismo Jesús, que ha sido llevado de entre ustedes al cielo, vendrá otra vez de la misma manera que lo han visto irse» (Hechos 1:11).

La primera vez Jesús vino como siervo. Vino en humildad para rescatarnos. Ahora que ha pagado el precio, volverá para juzgarnos.

¿Juzgar qué y a quién? Jesús hace posible que tengamos una relación con Dios. Cualquiera puede recibir su regalo hoy. Cuando Jesús regrese, él juzgará para ver quién recibió su regalo y quién lo rechazó.

> *«Cuando el Hijo del hombre venga en su gloria, con todos sus ángeles, se sentará en su trono glorioso. Todas las naciones se reunirán delante de él, y él separará a unos de otros, como separa el pastor las ovejas de las cabras. Pondrá las ovejas a su derecha, y las cabras a su izquierda. Entonces dirá el Rey a los que estén a su derecha: "Vengan ustedes, a quienes mi Padre ha bendecido; reciban su herencia, el reino preparado para ustedes desde la creación del mundo"» (Mateo 25:31-34).*

Ese es un cuadro apasionante o atemorizante, dependiendo de cómo lo mires. Para algunos es un cuadro de la esperanza futura. Cuando Jesús regrese, nos reunirá para vivir con él. Para aquellos que ahora rechazan a Jesús, es un cuadro oscuro de condenación. No habrá otra oportunidad ni posibilidad de decirle «espera un minuto, ahora creo en ti». Ya sea que mueras y vayas ante Jesús para el juicio o que él regrese y te lleve allá, serás juzgado.

A los que confiaron en Jesús les espera un futuro brillante.

> *«Oí una potente voz que provenía del trono y decía: "¡Aquí, entre los seres humanos, está la morada de Dios! Él acampará en medio de ellos, y ellos serán su pueblo; Dios mismo estará con ellos y será su Dios. Él les enjugará toda lágrima de los ojos. Ya no habrá muerte, ni llanto, ni lamento ni dolor, porque*

*las primeras cosas han dejado de existir"» (Apocalipsis
21:3-4, el énfasis es mío).*

¿Y ahora?

No te puedo decir lo grandes que serán las casas. O si el
cielo está arriba, abajo o a un lado de este planeta. ¿A quién
le importa? Es un lugar donde no existe la muerte. No hay
llanto. El dolor queda en el pasado. En el cielo todo es nuevo
y durará para siempre.

El cielo nos trae esperanza y nos ayuda a evaluar cómo
estamos viviendo ahora.

*«Pero amigos, eso es lo que somos exactamente:
hijos de Dios. Y eso es solo el principio. ¡Quién sabe
cómo terminaremos! Lo que sí sabemos es que cuando
Cristo sea completamente revelado, lo veremos. Y
al verlo seremos como él. Todos nosotros, los que
esperamos su Venida, estemos listos, con la pureza
resplandeciente de la vida de Jesús como nuestro
modelo» (1 Juan 3:2-3, Paráfrasis, el énfasis es mío).*

Si estás seguro que irás al cielo al morir, debes sacar
el mayor provecho del hoy. ¿Por qué vivir por debajo de los
parámetros de Dios cuando él tiene tantas cosas maravillosas planeadas para ti? Al pensar en el cielo recuerdo
que vale la pena servir a Jesús, amarlo y obedecerlo sin
avergonzarnos ahora mismo.

Así de bueno es Jesús.

¿Adónde te diriges?

Decisiones, decisiones, decisiones...

Perdido. Esa es la mejor palabra para describir tu vida si no crees en Jesucristo. Estás perdido ahora. Y si llegas a dejar este planeta sin Jesús, estarás perdido, separado de Dios, para siempre.

Espero que esta panorámica de cómo es seguir a Jesús, te haya movido a evitar el infierno y entrar al cielo aferrándote de él y de su habilidad de rescatarte de tus elecciones malas y estúpidas.

Te conté de mi prima Isabel que murió muy joven. Terminó siendo que lo mejor que le podía haber sucedido fue tener cáncer. Al empeorar su condición, Isabel quedó confinada a la cama. Los familiares la visitaban todos los días para orar y conversar.

Un día mi papá le preguntó «¿Isabel, has confiado en Jesús como tu salvador?»

Suavemente Isabel respondió: «no».

Todos se conmovieron. Seguramente que Isabel era cristiana. Tenía una Biblia. Hablaba el lenguaje cristiano.

Desde que era una niña, había ido a la iglesia todas las semanas. Pero nunca había reconocido su necesidad de un Salvador. Ahora se le estaba terminando el tiempo.

> «Por eso, como dice el Espíritu Santo: "Si ustedes oyen hoy su voz, no endurezcan el corazón"» (Hebreos 3:7-8).

Isabel puso su fe en Jesucristo. Dos semanas después se reunió con Jesús en el cielo.

Vida. La vida eterna. Esa es la oferta que Dios te hace hoy; ahora mismo. Si Dios está moviendo tu mente y tu espíritu, convenciéndote que Jesús es quien dice ser, entonces ¿por qué no confiar en él?

No tienes que ir al edificio de una iglesia, o como hice yo, hablarle por teléfono a un consejero. Isabel estaba en su cama. Tú puedes tomar esa decisión ahora, dondequiera que estés.

Pídele a Dios que te rescate. Transfiere tu confianza en ti mismo a una confianza en Jesucristo.

Pídele a Dios que te rescate

Ayuda el orar, decir en voz alta lo que crees de corazón. Así que si estás listo, puedes orar algo así:

«Dios, soy un desastre. Soy pecador. Vengo a ti con las manos vacías. Jesús, creo que moriste y resucitaste para borrar mis pecados. Perdóname. Acéptame. Creo que tú me rescatarás. Ahora, Jesús, pongo mi vida en tus manos. Guíame. Soy tu seguidor. ¡Gracias por rescatarme!»

El hecho de decir estas palabras, o algo parecido, no te salvará. Pero Dios conoce tu corazón y mira tu fe. Fíjate en esta preciosa promesa: «*Ciertamente les aseguro que el que oye mi palabra y cree al que me envió, tiene vida eterna*

y no será juzgado, sino que ha pasado de la muerte a la vida»
(Juan 5:24).

Has cruzado ya. Subiste al avión. ¡Tu nueva vida con Dios acaba de comenzar!

¿Y ahora qué?

¿En qué lugar del viaje te encuentras? Si has puesto tu fe en Jesucristo, tienes una pregunta, o te tocó algo en este libro, tómate un minuto y envíame un correo electrónico a Airborne@josezayas.org. ¡Sí, los leo a todos! Me encantaría saber lo que Dios está haciendo en tu vida. También me puedes escribir a:

José Zayas
Post Office Box 1
Portland, OR 97207

Estamos juntos en esta travesía. Quizás nos encontremos en algún aeropuerto de algún lugar. ¡Nunca se sabe! (Yo soy el que lleva demasiados bolsos y está hablando en su celular). Hasta que te vea o tenga noticias tuyas, disfruta tu tiempo con Jesús ... y ponte en marcha para el mejor viaje de tu vida.

Paz,
José

Lecturas recomendadas

¿Tienes preguntas? Estos materiales te darán la respuesta a ¡por qué Jesús es el líder más creíble a quien seguir!

C. S. Lewis, *Mere Christianity* [Meramente Cristianismo], HarperSanFrancisco, 2001 Harper edition.

Josh McDowell, *Más que un carpintero*, Editorial Unilit.

Lee Strobel, *El caso de Cristo: Una investigación exhaustiva*, Editorial Vida.

Lee Strobel, *The Case for Faith: A Journalist Investigates the Toughest Objections to Christianity* [El caso de la fe: Un periodista investiga las objeciones más duras al cristianismo], Zondervan, 2000.

¿Quieres saber cuál es el próximo paso? Estos materiales te ayudarán a fortalecer tu vida como seguidor de Jesús día a día.

NIV Starting Point Study Bible [NVI Comenzar, Biblia de Estudio], ed. Luis Palau Evangelistic Association, Zondervan, 2002.

Greg Laurie, *Every Day with Jesus: First Steps for New Believers* [Día a día con Jesús: Los primeros pasos para los nuevos creyentes], Tyndale, 2004

Focus on the Family, *Boom: A Guy's Guide to Growing Up* [Boom: Una guía de crecimiento para muchachos], gen. ed. Michael Ross, Tyndale, 2003.

Focus on the Family, *Bloom: A Girl's Guide to Growing Up* [Bloom: Una guía de crecimiento para muchachas], gen. ed. Michael Ross, Tyndale, 2003.

Reconocimientos

Escribe un libro y aprenderás mucho sobre ti mismo. A pesar de que martillé las páginas en mi computadora portátil, estoy por siempre en deuda con mi familia y amigos que hicieron posible este manuscrito final.

Encontrarás un montón de «historias familiares» en Despegando. Mi mamá y mi papá, Miguel y Rosa, fueron mis modelos de lo que significa seguir a Jesús, tanto en los buenos tiempos como en los malos tiempos. Gracias por todo... ¡absolutamente todo!

A mis hermanos, Miguel y Rafael, y mi hermana Raquel, ¡por tolerarme! Sus vidas continúan inspirándome y desafiándome.

A mi mentor y amigo, el Dr. Luis Palau, por darme la oportunidad de servir y ver evangelismo «de lo mejor». Luis, ¡tú eres una inspiración! Has derramado tu vida en la mía. Espero poder «pasarlo» a la próxima generación.

Al comité de directores de Evangelismo Internacional José Zayas (JZEI) y a los compañeros en el ministerio por darme libertad para viajar y escribir. Gracias en especial a Mark y Tracy Martínez por haberme empujado a «sentarme y escribir».

Al personal de Enfoque a la Familia por su visión de que cada adolescente fuera alcanzado con las buenas noticias de Jesucristo. Gracias en especial a Clark Millar y Bob Waliszewski por abrir las puertas para que esta obra se publicara.

A mis nuevos amigos de Tyndale House Publishing ¡por haber trabajado tan duro para publicar esta obra en tiempo récord!

Al equipo de profesionales que ayudaron a darle forma al contenido de este libro. A David Sanford, un agente que se ocupó y creyó en este proyecto desde el primer día. A Mike Umlandt y Lissa Halls Jonson, y otros que editaron cada página con cuidado. ¡¿Qué haría yo sin ustedes?!

A Dave Lubben, Greg Stier y John Garrick ... amigos y «hermanos con la misma mentalidad», que desafiaron mi pensamiento y me animaron a «terminar con fuerza».

A mi líder amoroso, Jesucristo. Rescataste mi alma e hiciste que valiera la pena vivir esta vida. ¡Por favor, toma estas palabras y atrae a la gente para que te sigan!

Acerca del autor

José Zayas, fundador de Evangelismo Internacional José Zayas, sirve en Enfoque a la familia como director de evangelismo para adolescentes. La esencia del ministerio de José es anunciar el evangelio de forma culturalmente relevante. Usando el humor y las ilustraciones cotidianas, él comunica las siempre vivas verdades de la Biblia en el idioma de hoy. José vive en Colorado Springs, Colorado, con su esposa, Carmen y su hijo Jonás.

DISFRUTE DE OTRAS PUBLICACIONES DE EDITORIAL VIDA

Desde 1946, Editorial Vida es fiel amiga del pueblo hispano a través de la mejor literatura evangélica. Editorial Vida publica libros prácticos y de sólidas doctrinas que enriquecen el caudal de conocimiento de sus lectores.

Nuestras Biblias de Estudio poseen características que ayudan al lector a crecer en el conocimiento de las Sagradas Escrituras y a comprenderlas mejor. Vida Nueva es el más completo y actualizado plan de estudio de Escuela Dominical y el mejor recurso educativo en español. Además, nuestra serie de grabaciones de alabanzas y adoración, Vida Music renueva su espíritu y llena su alma de gratitud a Dios.

En las siguientes páginas se describen otras excelentes publicaciones producidas especialmente para usted. Adquiera productos de Editorial Vida en su librería cristiana más cercana.

Vida

DEDICADOS A LA EXCELENCIA

Una vida
con propósito

Rick Warren, reconocido autor de *Una Iglesia con Propósito*, plantea ahora un nuevo reto al creyente que quiere alcanzar una vida victoriosa. La obra enfoca la edificación del individuo como parte integral del proceso formador del cuerpo de Cristo. Cada ser humano tiene algo que le inspira, motiva o impulsa a actuar a través de su existencia. Y eso es lo que usted podrá descubrir cuando lea las páginas de *Una vida con propósito*.

0-8297-3786-3

Liderazgo Eficaz

Liderazgo eficaz es la herramienta que todo creyente debe estudiar para enriquecer su función dirigente en el cuerpo de Cristo y en cualquier otra área a la que el Señor lo guíe. Nos muestra también la influencia que ejerce cada persona en su entorno y cómo debemos aprovechar nuestros recursos para influir de manera correcta en las vidas que nos rodean.

0-8297-3626-3

Biblia de Estudio NVI

La primera Biblia de estudio creada por un grupo de biblistas y traductores latinoamericanos. Con el uso del texto de la Nueva Versión Internacional, esta Biblia será fácil de leer además de ser una tremenda herramienta para el estudio personal o en grupo. Compre esta Biblia y reciba gratis una copia de ¡Fidelidad! ¡Integridad!, una guía que le ayudará a aprovechar mejor su tiempo de estudio.

ISBN: 0-8297-2401-X

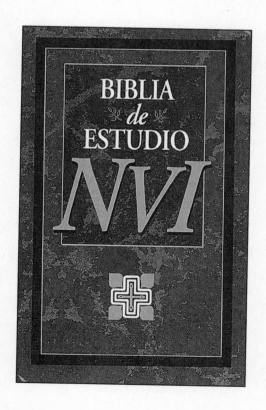

Nos agradaría recibir noticias suyas.
Por favor, envíe sus comentarios sobre este libro
a la dirección que aparece a continuación.
Muchas gracias.

Editorial Vida
7500 NW 25 Street, Suite 239
Miami, Florida 33122

Vida@zondervan.com
www.editorialvida.com